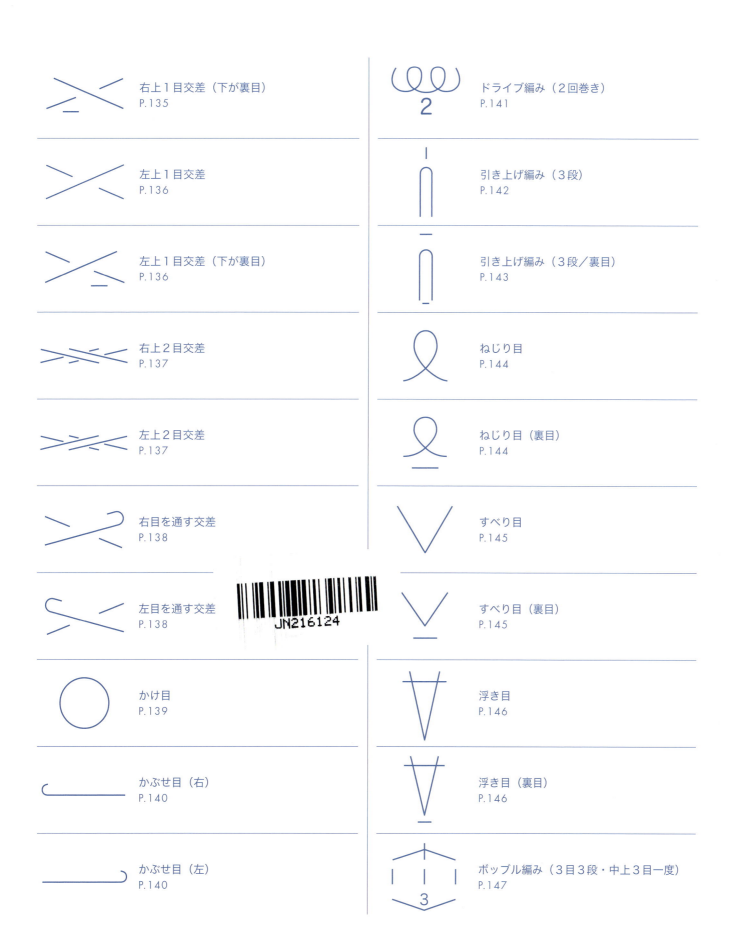

棒針編み きほんの基本

これならできる！ みんなの教科書

監修 小須田逸子

高橋書店

1 基本の編み方をマスターしよう

16 これが棒針編みの編み図と編み地！
17 編み図の読み取り方の極意
18 棒針編みに必要なものを用意する
19 あると便利なもの
20 針について
21 糸について
22 まずは糸と針を手に入れよう
23 針の太さと糸の太さ

編んでみよう
24 まずはこれを編んでみよう
　　メリヤス編み、裏メリヤス編み、ガーター編み

編み始め
25 糸の引き出し方　針の持ち方

作り目をする
26 輪を作る　輪を棒針にかける
27 次の目を作る
29 続けて目を作る　作り目完成

ガーター編みを編む
30 2段め　表目1目めを編む
31 2段め　表目2目めを編む　3段めを編む
32 伏せ止めをする

編み終わったら…
33 糸の止め方　糸始末の仕方
33 ●糸の通し方

contents

6 作品 シュシュ
7 作品 変わり糸で編むマフラー
8 作品 ガーター編みのバッグ
10 作品 水玉柄のスヌード
11 作品 透かし編みの帽子＆編み込み模様のミトン
12 作品 アラン編みの3wayウエア
14 作品 縄編み模様のミニバッグ

メリヤス編みを編む
34 : 2段め　裏目1目めを編む　2段め　裏目2目めを編む
35 : 3段め（表目）を編む
36 : 伏せ止めをする

裏メリヤス編みを編む
37 : 2段め（表目）を編む　3段め（裏目）を編む
38 : 伏せ止めをする
39 : ●かぎ針を使った伏せ止め（メリヤス編みの場合）
40 : ▶ここまでのおさらい　表目はこれでカンペキ！
41 : ▶ここまでのおさらい　裏目はこれでカンペキ！

ゴム編みを編んでみよう
42 : まずこれを編んでみよう
　　　1目ゴム編み、2目ゴム編み

1目ゴム編みを編む
43 : 2段め 表目を編む／2段め 裏目を編む／
　　　2段め 編み終わり／
　　　3段め 表目を編む／3段め 編み終わり
44 : 伏せ止めをする

2目ゴム編みを編む
45 : 2段め 表目を2目編む／2段め 裏目を2目編む／
　　　2段め 編み終わり／3段め 表目を2目編む／
　　　3段め 裏目を2目編む／3段め 編み終わり
46 : 伏せ止めをする

47 : **Study** 別鎖の作り目
48 : **Study** 糸が足りなくなったら

2　基本をマスターした人のプラスワンテクニック

輪に編む
50 : 棒針で編む（4本針を使用する）
51 : 輪針で編む

かのこ編みを編む
53 : 2段め　2段め編み終わり　3段め
　　　3段め編み終わり　伏せ止めをする
54 : 糸を引き抜く

55 : 縄編みを編む

ゴム編み止めをする
56 : 1目ゴム編み止め（右端表目2目左端表目1目）
59 : 1目ゴム編み止め（右端表目1目左端表目2目）
60 : 2目ゴム編み止め（両端表目2目）
62 : 1目ゴム編み止め［輪編みの場合］
64 : 2目ゴム編み止め［輪編みの場合］

66 : **Study** SOS!　目が増えている

3 棒針編みがもっと上手になる！MOREテクニック

目を拾う
- 68 一般的な作り目から拾う
- 69 伏せ目から拾う
- 69 NG！目を間違うと縦のラインがずれます
- 70 別鎖の作り目から拾う
- 71 段から拾う
- 72 斜線から拾う　曲線から拾う
- 73 **Study** 端目を確認しよう
  メリヤス編み／裏メリヤス編み／
  1目ゴム編み／2目ゴム編み

目を増やす
- 74 ねじり増し目（表目）
- 76 ねじり増し目（裏目）
- 78 かけ目とねじり目で増やす（表目）
- 79 かけ目とねじり目で増やす（裏目）
- 80 巻き目で増やす
- 81 別鎖から拾って増やす

目を減らす
- 82 端で1目減らす（表目）
- 83 端で1目減らす（裏目）
- 84 1目内側を減らす（表目）
- 85 1目内側を減らす（裏目）
- 86 2目以上減らす（ここでは5目）

糸の色を替える
- 87 横縞を編む
- 88 縦縞を編む
- 90 連続模様を編む
- 92 ダイヤ柄を編む

- 94 **Study** SOS！　途中で目を落としたら
- 95 **Study** SOS！　目が減っている

編み地をはぐ
- 96 メリヤスはぎ
- 99 裏メリヤスはぎ
- 100 ガーターはぎ
- 101 かがりはぎ
- 102 目と段のはぎ
- 103 引き抜きはぎ
- 103 上級編　かぶせはぎ
- 103 ●かぎ針を使う方法

編み地をとじる
- 104 すくいとじ
- 107 ●ねじり増し目があるときのとじ方
  減らし目があるときのとじ方
- 110 返し縫いとじ　引き抜きとじ
- 111 まつりとじ
- 111 ●ゴム編みからメリヤス編みに移るときのとじ方

- 112 **Study** SOS！　目がはずれてしまった！
- 112 **Study** SOS！　針をはずして元に戻すには？

4 飾りと仕上げでもっとかわいく！美しく！

- 114 ボタンホールを作る
  1目のボタンホール　無理穴のボタンホール
- 115 ボタンをつける
- 115 ●力ボタンが便利です
- 116 ポンポンを作る
- 116 フリンジを作る
- 117 タッセルを作る
- 117 ●割り糸の作り方
- 118 刺しゅうをする
- 119 仕上げをする
- 119 ●アイロンの洗濯表示マークに注意しよう！
- 119 ●洗濯をするときに確かめたいマーク

- 120 **Study** ゲージについて知っておこう

5 編み目記号大事典

基本の編み目
- 122 表目
- 123 裏目

減らし目
- 124 右上2目一度
- 125 右上2目一度（裏目）
- 126 左上2目一度
- 126 左上2目一度（裏目）
- 127 右上3目一度
- 128 右上3目一度（裏目）
- 129 左上3目一度
- 129 左上3目一度（裏目）
- 130 中上3目一度
- 131 中上3目一度（裏目）

増し目
- 132 右増し目
- 132 右増し目（裏目）
- 133 左増し目
- 133 左増し目（裏目）
- 134 編み出し増し目（表目3目）
- 134 巻き目

交差編み
- 135 右上1目交差
- 135 右上1目交差（下が裏目）
- 136 左上1目交差
- 136 左上1目交差（下が裏目）
- 137 右上2目交差
- 137 左上2目交差
- 138 右目を通す交差
- 138 左目を通す交差

その他
- 139 かけ目
- 139 **Column1** 交差編みを使った編み地
- 140 かぶせ目（右）
- 140 かぶせ目（左）
- 141 ドライブ編み（2回巻き）
- 142 引き上げ編み（3段の場合）
- 143 引き上げ編み（3段／裏目の場合）
- 144 ねじり目
- 144 ねじり目（裏目）
- 145 すべり目
- 145 すべり目（裏目）
- 146 浮き目
- 146 浮き目（裏目）
- 147 ボッブル編み（3目3段・中上3目一度）
- 148 **Column2** ボッブル編みを使った編み地

6 口絵作品の作り方

- 150 「変わり糸で編むマフラー」作り方
- 151 「シュシュ」作り方
- 152 **Process** はぎ方
- 153 **Process** とじ方
- 154 「ガーター編みのバッグ」作り方
- 156 「水玉柄のスヌード」作り方
- 157 **Process** 配色糸の替え方
- 157 **Process** 糸始末の仕方
- 158 「透かし編みの帽子＆編み込み模様のミトン」作り方
- 161 **Process** 帽子・トップのしぼり方
- 162 **Process** ミトン・親指の編み方
- 164 「アラン編みの3wayウエア」作り方
- 165 **Process** あき部分の編み方
- 168 「縄編み模様のミニバッグ」作り方

- 170 **Study** ビギナーさんのためのお助けQ＆A
- 172 index

シュシュ

カラフルな段染め糸を使ったから
メリヤス編みで編んだだけでも
こんなにポップになりました。
（デザイン・制作 大胡のぞみ）

作り方 151～153ページ

変わり糸で編むマフラー

どちらも同じガーター編みのマフラー。
糸の太さが違う変わり糸で編んだら
雰囲気のまったく異なるものに仕上がりました。
（デザイン・制作 大澤こずえ）

作り方 150ページ

ガーター編みのバッグ

太い糸を使えば短時間でさっと編めます。
色のバランスを変えて
いくつも編みたくなってきますね。
(デザイン・制作 小松崎ノブコ)

作り方 154、155ページ

水玉柄のスヌード

編み地がくるっと丸まるメリヤス編みの
特性を利用して色違いのスヌードを。
大きな柄は編み込み模様の初心者にも最適です。
（デザイン・制作 吉澤真知子）

作り方 156、157ページ

透かし編みの帽子＆
編み込み模様のミトン

棒針編みをするなら、やっぱり編みたい帽子とミトン。
基本的な編み方を覚えたらぜひ挑戦を！
帽子とミトンをうまく編むコツも載っています。
（帽子デザイン・制作 大胡のぞみ
ミトンデザイン・制作 小松崎ノブコ）

作り方 158～163ページ

アラン編みの3wayウエア

細い穴が2つあいた大きな1枚の編み地。
編み地の上下をかえて羽織れば、
バリエーション豊かに着こなせます。
（デザイン・制作 水上裕美）

作り方 164～167ページ

**ふんわり、ストール風の襟で
やさしい表情に。**
一目ゴム編み側を上にして羽織れ
ば、たっぷりとした編み地があた
たかな一枚に。前をブローチやピ
ンで留めてアクセントにしても

**襟元から身ごろへの
縄編みが印象的な一枚に**

縄編み側を上にして羽織ると、細いヘチマ襟のベストに。羽織らずに編み地を前にして腕を通し、背中側をピンで留めても素敵です。

13

縄編み模様のミニバッグ

棒針編みらしい縄編み模様。
まだ慣れなくても
まっすぐ編みだから作品に仕上げるまで頑張れます。
（デザイン・制作 大胡のぞみ）

作り方 168、169ページ

基本の編み方を マスターしよう

ここで学ぶこと

- **編み図と編み地の見方**
- **棒針編みに必要な用具**
- **編み始め方**（糸の引き出し方、針の持ち方、糸のかけ方）
- **作り目の仕方**
- **ガーター編み**
- **編み終わったときの始末の仕方**
- **メリヤス編み**
- **裏メリヤス編み**
- **伏せ止め**
- **1目ゴム編み**
- **2目ゴム編み**

これが棒針編みの編み図と編み地！

「編みもの」が難しそうだと感じるのは「編み図」のせいかもしれません。そこで、編み図と編み地をじっくり見比べてみましょう。編み図どおりに編んでいくことで指定された編み地になるしくみがわかれば、どんな編み図だって読みこなせるようになります。

◎ 比べてみよう！

メリヤス編み

表側から見て表目だけでできた編み地を
メリヤス編みといいます。「表編み」ともいいます。
棒針編みの基本の編み地です。

編み図（編み目記号図）

編むための設計図。編み目記号が集まってできている

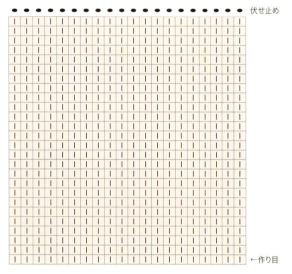

編み地

設計図にしたがって編み上がったもの

裏メリヤス編み

表側から見て裏目だけでできた編み地を
裏メリヤス編みといいます。「裏編み」ともいいます。
メリヤス編みと同様、棒針編みの基本の編み地です。

編み図（編み目記号図）

編むための設計図。編み目記号が集まってできている

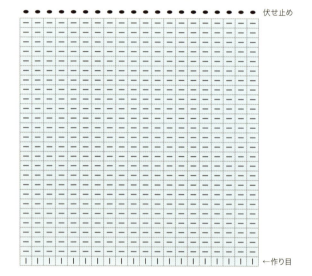

編み地

設計図にしたがって編み上がったもの

編み図の読み取り方の極意

◎ メリヤス編み

編み図ではすべて表目ですが、1段ごとに表、裏と編み地を持ち替えて編みます（往復編み）。そのため表側から編むときは表目を、裏側から編むときは裏目を編みます。

記号図では

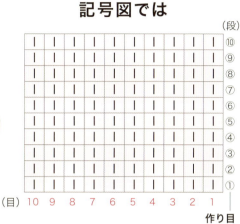

実際に編むのは

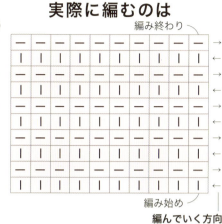

◎ 裏メリヤス編み

編み図では作り目以外はすべて裏目ですが、メリヤス編み同様編み地を持ち替えるため（往復編み）、表側から編むときは裏目を、裏側から編むときは表目を編みます。

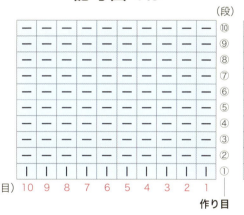

ココが大事！ 1目1段はこう数えます

記号図で示されている1マスは「1目、1段」を表しています。
表目、裏目はそれぞれ下の写真が1目、1段です。

表目

表目の1目、1段は、濃いピンク色の部分です。Vの字の形になっています。目数は横方向に、段数は縦方向に数えます。

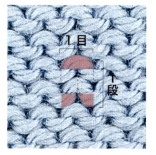

裏目

裏目の1目、1段は濃いピンク色の部分と裏に隠れている点線の部分です。目数は横方向に、段数は縦方向に数えます。

棒針編みに必要なものを用意する

棒針編みに必要なものを用意する

❶糸 用途に応じて用意します。
❷まち針 編み地を押さえます。
❸段数リング 編み目に目印を入れるため、編み目にかけて使います。
❹縄編み針 縄編みのときなど、目を休ませるために使います。
❺ゴムキャップ 棒針の先につけて目がはずれるのを防ぎます。
❻目数リング 目数の目印に。丸く編むとき（輪編み）の最初の目や、模様を編む位置の目印などに使います。
❼段数マーカー 段数を数えるときなどの目印のため、編み目にかけます。段数リングと同じですが、はずれにくく使いやすい道具です。
❽とじ針 糸端の始末や、編み地をとじたりはいだりするのに使います。編み糸に応じて太さを選んで使います。
❾ほつれ止め 編み目を休ませるときに使います。
❿棒針 目的に応じた号数のものを。

◎仕上げるときは
編み地にアイロンを当て形を整えると、きれいに仕上がります（アイロンのかけ方P.119）。

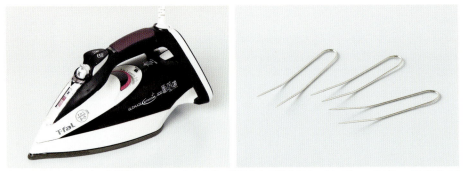

左・アイロンはスチーム機能がついているものを。蒸気の力で整えます。右・フォークピン。アイロンで仕上げるときに編み地を固定するのに便利です。

あると便利なもの

◎ 輪針

2本の針がナイロンのコードでつながっている針です。主に輪編み（丸く編む）のときに使いますが、平編み（往復編み）にも使えます。コードの長さが数種類あるので、編むものによって使いわけます。

◎ かぎ針

作り目を作ったり、編み地をとじたりはいだりするとき、目を落としてしまったときなどに使います。毛糸の太さに応じてかぎ針の号数も変えて使います。

◎ 編み込み用糸巻

編み込み模様を編むとき、複数の配色糸を使うため、それぞれ糸巻に巻いておくと、からんでしまう心配がありません。

◎ カウンター

目数や段数を数える際に、ボタンを押して使います。棒針編みの場合、段数や1段あたりの目数が多いので、手元にあると重宝します。

◎ 編み出し用糸

あとからほどく作り目を作るときなどに、ほどきやすい専用糸があると便利です。

◎ ステッチマーカー

段数マーカー・段数リング（P.18参照）同様、段数を数えるときや編み方が変わる箇所など、目印をつけたい編み目にかけて使います。

針について

◎ **棒針** 棒針の多くは竹製ですが、プラスチック製や金属製のものもあります。
針先がなめらかで持ちやすいものが編みやすいでしょう。
太さは号数またはmmで表されており、号数が小さくなるほど、針は細くなります。

玉付き2本針
目が抜けないように、針の片側に玉がついている針。セーターの身頃やマフラーなど、表側、裏側と編み地を持ち替えて編むときに便利です。

4本針・5本針
針の両端ともとがっている針。どちらからでも編めるため、輪に編むときに使います。ゴムキャップ（P.18参照）をつけて玉付き針のようにも使えます。

5本針（短）
靴下や手袋などの小物を編むときに便利な短めの針です。

◎ **輪針**

2本の針をナイロンのコードでつないだ針で、左右どちらからでも編めます。輪編みをするときに使いますが、コードの長いものなら、伸ばせばふつうの棒針よりも長くなるため、往復に編む場合でも目数が多いときに使えます。

◎ **とじ針**

糸端の始末や編み地のとじ・はぎをするときに使います。糸端が割れないように、針先が丸くなっています。長さや太さの異なるものをいくつか揃えておくとよいでしょう。編み地の目をすくいやすいよう、針先が少し持ち上がっているタイプのとじ針もあります。

糸について

◎ **太さ** （実物大）　糸の太さは一般には、以下のように分かれています。それぞれの太さの糸に適する針の号数はP.23を参考にしてください。

◎ **形状**　糸の撚り具合によって、以下のようなものがあります。シンプルな編み方でも、形状の異なる糸を使うとまったく違った雰囲気の編み地になります。

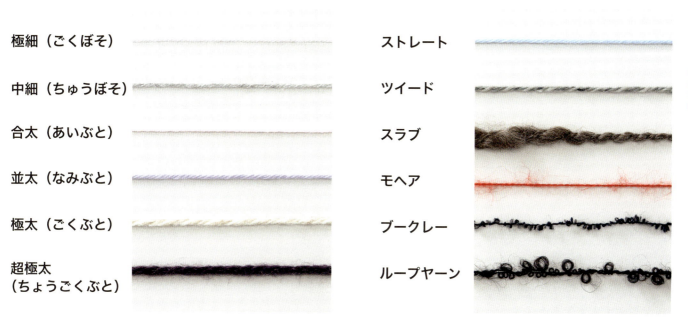

極細（ごくぼそ）
中細（ちゅうぼそ）
合太（あいぶと）
並太（なみぶと）
極太（ごくぶと）
超極太（ちょうごくぶと）

ストレート
ツイード
スラブ
モヘア
ブークレー
ループヤーン

◎ **素材**　手編み用の糸にはいろいろな素材の糸があります。代表的な素材は以下のとおりですが、これらの混紡糸も多く出ています。肌ざわりや風合いなど、季節や用途に応じて選びましょう。

ウール

コットン

リネン

アルパカ

シルク

ウールは羊毛、コットンは綿、リネンは麻、アルパカは「アルパカ」という動物の毛、シルクは絹です。このほか、紙や竹からできた糸や、アクリル、ポリエステル、レーヨンなどの合成繊維の糸もあります。

まずは糸と針を手に入れよう

1 糸の太さとそれに合う針の号数を調べよう

この糸で編みたいというものがある場合、ラベルを見て、針の適応号数を調べます。多くの糸には下記のように糸に巻かれているラベルにその情報が載っていますが、こうしたものがない場合は「並太」「中細」などという糸の太さの表記（P.21）から、P.23の表を参考に、合う針の号数を探しましょう。作品集などを見て編む場合は、指示された糸と針を使います。

2 糸に巻いてあるラベルに注目！

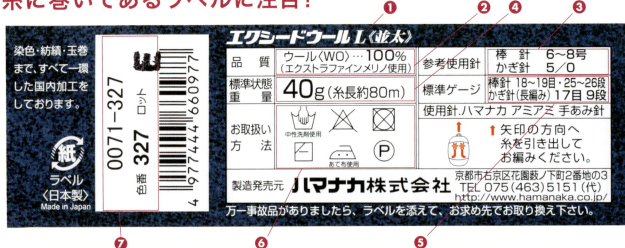

❶糸の名称　❷糸の素材、品質
❸適合使用針　❹1玉の重さと糸の長さ
❺ゲージ（P.120参照）：棒針の場合、特に指示がなければメリヤス編みでのもの
❻お手入れの注意点
❼色番号とロット：色番号が同じでもロット（染色する際の釜）が違うと、色の濃淡が異なることがあります

一般に糸にはラベルが巻かれています。ここにはその糸の情報が詰まっています。適合使用針の欄の下に標準ゲージとあるのは、10cm四方の面積に編める目数と段数（P.17参照）。慣れてくればそのように加減して編めるようになりますが、慣れないうちにそれよりも多くなるときは1サイズ大きい号数の針を、少なくなるときは1サイズ小さい号数の針を選ぶとよいでしょう。

3 店頭で買う

糸や針は手芸用品店で購入します。以前は個人経営の店舗も多く見られましたが最近では減少し、大型店やチェーン店が多くなっています。店頭では実物を手にとって確かめられます。糸はシーズンごとにラインナップが見直され、廃番になるとその後追加購入ができなくなることもあるので、担当者と情報交換をするとよいでしょう。

4 ネットで買う

品数の揃った店舗が近くにない場合や、買いものに行く時間がない場合など、ネット購入することもあるでしょう。店頭価格より安くなっているものがあったり、共同購入や福袋などで安く入手できることもあります。ただ、糸の色や材質などはモニターでは確かめにくいもの。返品や交換のシステムがしっかりしていて、電話問い合わせ可能なサイトがおすすめです。

針の太さと糸の太さ

＊下の表はあくまでも目安です。糸の素材や形状によって異なる場合があります。

◎棒針

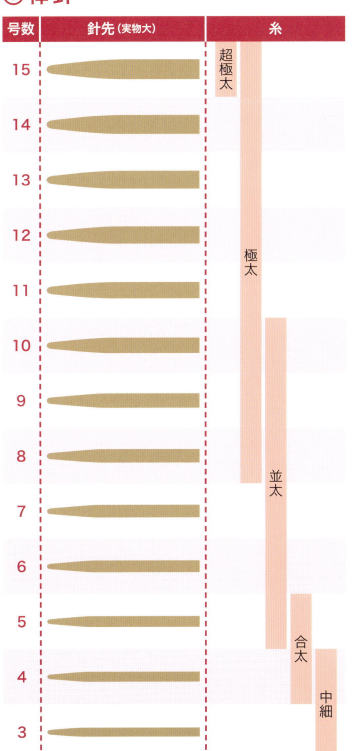

◎ジャンボ棒針

下記の他、20㎜、25㎜のジャンボ棒針もあります。

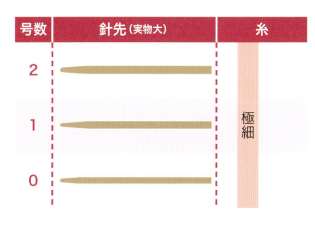

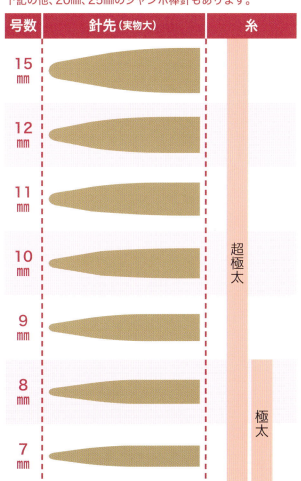

編んでみよう

棒針を持つのは初めてという人も、まずはここから。
棒針編みのいちばん基本になる編み地3種を実際に編んでみましょう。

◎ まずはこれを編んでみよう

表目だけを編むメリヤス編み、裏目だけを編む裏メリヤス編み、表目と裏目を段ごとに交互に編むガーター編みを編みます。編み図の記号と実際に編む編み方に注意しましょう。

メリヤス編み

奇数段は編み地の表側を見て記号どおりに表目を、偶数段は編み地を裏に返して、裏側を見て記号とは逆の裏目を編みます。往復に編む場合は、常に右から左へ編み進めます。

裏メリヤス編み

奇数段は編み地の表側を見て記号どおりに裏目を、偶数段は編み地を裏に返して、裏側を見て記号とは逆の表目を編みます。往復に編む場合は、常に右から左へ編み進めます。

ガーター編み

記号では表目と裏目が1段ずつ交互になっていますが、実際には偶数段、奇数段とも表目を編みます。往復に編む場合は、常に右から左へ編み進めます。

編み始め
いよいよ糸と針を手に編み始めます。
ひとつひとつ進めれば、必ず正しい方法で編み進めていくことができますよ。

◎ 糸の引き出し方
内側から引き出したほうがいいもの、外側から使ったほうがいいものとありますが、棒針編みに使われることが多いウール糸のほとんどは内側から引き出します。

1 糸玉の内側に指を入れ、糸端を探し出します。

2 糸端をつまんでそのまま引き出します。

◎ 針の持ち方
初めに正しい持ち方を覚えておくと、指に無理がかからず快適に編み続けることができます。

棒針

編む糸を左手の人さし指にかけて薬指と小指の間に挟み、親指と中指で左右の棒針を持ち、右手の人さし指で編んだ目を押さえます。

かぎ針

鉛筆を持つように親指と人さし指で針を持ち、中指を添えます。先から3cmくらいのところを持ちます。

作り目をする

棒針編みは作り目を作るところから始めます。
まずは基本的な作り目の方法を覚えておきましょう。

◎ 輪を作る

1 作り目を作る前に編み地の幅の約3倍の長さになるよう、糸端を残しておきます。

2 糸端を残して輪を作り、根元を指で押さえます。

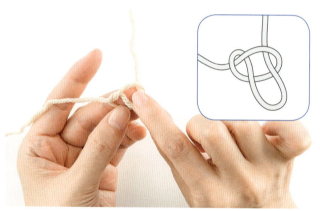

3 輪の中から糸端をつまみます。

4 つまんだ糸をループ状に引き出します。

◎ 輪を棒針にかける

糸端

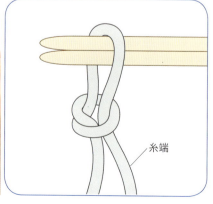

糸端

5 ループの中に向こう側から棒針2本を入れます。

6 糸端側の糸を引き、棒針にかかったループを引きしめます。

7 ループを引きしめたところ。これが作り目の1目めです。

作り目をする

◎次の目を作る

8 作り目が1目できた針を右手で持ち、2本の糸を写真のように人さし指と親指にかけ、残りの3本の指で押さえます。

9 右手の人さし指で作り目を押さえながら、針を矢印のように動かし、左手の親指にかかった糸をすくいます。

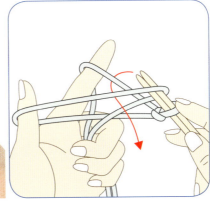

10 さらに右手を矢印のように動かし、輪にくぐらせます。

27

作り目をする

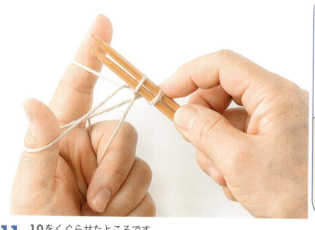
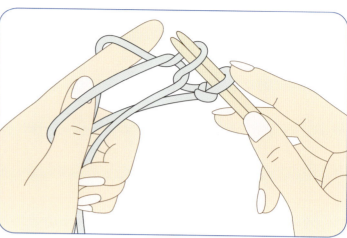

11 10をくぐらせたところです。

12 左手の親指から、かかっていた糸をはずします。

13 棒針を右上に引き上げます。

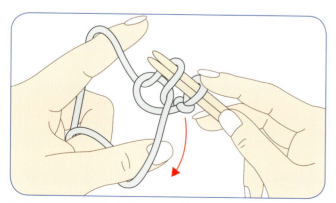

14 親指に糸をかけて矢印のように引きます。糸を引きしめます。

15 糸を引きしめたところです。

28

◎ 続けて目を作る (16、17、18はわかりやすいように真上から見たところです)

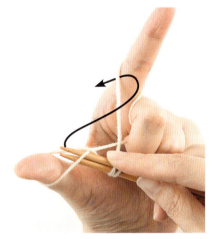
16 右手の人さし指で作り目を押さえ、左手の親指にかかった糸をすくって矢印のように右側へ動かします。

17 そのまま左手の人さし指にかかった糸をすくい、矢印のように親指のループの中に入れます。

18 そのまま親指のループから引き出して、右側へ動かします。

19 18を横から見たところです。

20 親指にかかっていた糸をはずします。

21 親指に糸をかけます。

22 親指で糸を引いて針にかかったループを引きしめます。作り目の3目ができました。

◎ 作り目完成

23 16〜22をくり返し、必要な数だけ作り目を作ります。ここでは12目作りました。

24 2本の棒針のうち、1本を引き抜きます。

25 作り目が1本の棒針だけにかかりました。

作り目をする

ガーター編みを編む

どの段でも表目を編むいちばん簡単な編み方です。針の動かし方をマスターしましょう。

＊でき上がりの編み地と編み図はP.24

◎2段め 表目1目めを編む

1 作り目（12目）のかかった針を左手で持ち、右手でもう1本の針を持ちます。

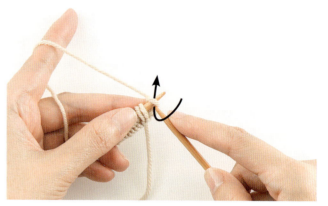

2 左手に糸をかけて、作り目の右端の目に矢印のように手前から右針を入れます。

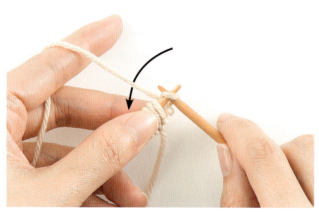

3 矢印のように右針を動かして、右針に糸をかけます。

4 矢印のように右針を動かしてかけた糸を引き出し、表目を編みます。

5 4の糸を引き出します。

6 左針から目をはずし、表目の1目めが編めました。

◎2段め 表目2目めを編む

7 2と同様に作り目の2目め（今は右端になった目）に手前から右針を入れます。

8 右針を矢印のように動かして糸を引き出します。

9 糸を引き出したところです。

10 左針から目をはずして、表目の2目めが編めました。7〜10をくり返して、2段めの端まで表目を編みます。

◎3段めを編む

11 編み地を返して左右の針を持ち替え、3段めを編みます。2と同様に手前から右針を入れ、表目を編みます。

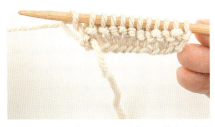

12 これをくり返して、3段めの端まで表目を編みます。

ガーター編みを編む

◎ 伏せ止めをする

ガーター編みを編む

1 必要な段数を編んだら、最後は伏せ止めをして、目を止めます。右端の目に手前から右針を入れます。

2 右針に糸をかけます。

3 糸を引き出し、表目を編みます。

4 次の目も表目を編みます。

5 左針を使って1目めを2目めにかぶせます。

6 かぶせているところです。

7 伏せ止めが1目できました。

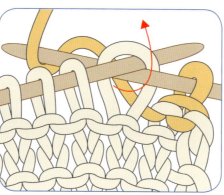

8 「表目を編む、前の目をかぶせる」を端までくり返し、伏せ止めをします。

編み終わったら…

目を止めたら糸端を編み地の中にからめて、糸始末をします。

◎ 糸の止め方

1 糸端を10cmくらい残して糸を切ります。

2 針をはずし、かかっていたループを広げます。

3 ループの中に指を入れ、糸端を引き出します。

4 糸端を持って、矢印の方向に引きます。これで編んでいた糸がしっかり止まります。

◎ 糸始末の仕方

1 糸端をとじ針に通し、編み地の裏側にくぐらせます。表側に糸が出ないように注意しましょう。

2 同様に何目か糸をくぐらせます。

3 編み地ギリギリのところで糸を切ります。

糸の通し方
糸がとじ針の穴に通りにくいときは糸端を写真のようにつぶしてから通してみましょう。

1 糸の先端を少し折り、とじ針にかけます。

2 糸をしっかりつまみ、矢印のようにとじ針で勢いよくしごきます。

3 糸を折り曲げた部分がつぶれて薄くなるので、その形をくずさないように穴に通します。

4 穴から出たループをすかさず引き出すと、糸が穴に通ります。

メリヤス編みを編む

棒針編みのいちばん基本的な編み方です。編み地を返しながら裏目と表目で1段ずつ交互に編みます。

＊でき上がりの編み地と編み図はP.24

◎2段め 裏目1目めを編む

1 作り目（12目）のかかった針を左手で持ち、右手でもう1本の針を持ちます。

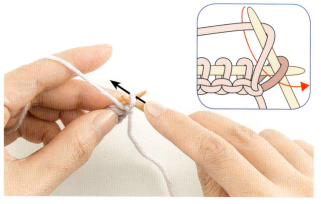

2 作り目の右端の目に矢印のように向こう側から右針を入れ、糸をかけます。

3 糸を向こう側に引き出し、裏目を編みます。

4 左針から目をはずします。

5 裏目の1目めが編めました。

◎2段め 裏目2目めを編む

6 2と同様に作り目の2目め（今は右端になった目）に向こう側から右針を入れます。

7 右針に糸をかけて向こう側に引き出します。

8 糸を引き出したところです。

9 左針から目をはずし、裏目の2目めが編めました。

◎3段め（表目）を編む

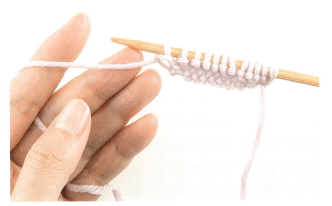
10 6〜9をくり返し、2段めの裏目を12目編んだところです。

11 編み地を返し、右針を手前から矢印のように入れて表目を編みます（P.30参照）。

12 表目が1目編めました。

13 編み地の端まで表目を編みます。

メリヤス編みを編む

35

◎ 伏せ止めをする

メリヤス編みを編む

1 必要な段数を編んだら、最後は伏せ止めをして目を止めます。まず、右端の目の手前から右針を入れます。

2 右針に糸をかけ、糸を引き出します。

3 左針を抜き、表目を1目編みます。

4 2目めも表目を編みます。

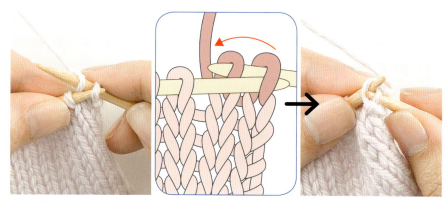

5 左針を使って、1目めを2目めにかぶせます。

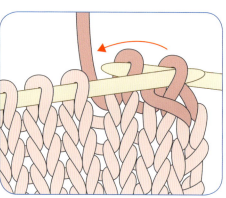

6 次の目も手前から右針を入れて表目を編み、5と同様にして2目めを3目めにかぶせます。

7 6をくり返し、編み地の端まで伏せ止めをします（糸の止め方と糸始末の仕方はP.33参照）。

裏メリヤス編みを編む

編み地を返しながら1段ごとに表目と裏目で交互に編みます。

＊でき上がりの編み地と編み図はP.24

◎2段め（表目）を編む

1 必要なだけ作り目を作ります（P.26～29参照）。ここでは12目作ります。

2 作り目のかかった針を左手で持ち、右手でもう1本の針を持ちます。作り目の右端の目に手前から右針を入れ、表目を編みます。

3 表目1目が編めたところ。

◎3段め（裏目）を編む

4 編み地の端まで表目を編みます。

5 編み地を返し、針を持ち替えます。

6 前段の右端の目に向こう側から右針を入れ、裏目を編みます。

7 裏目1目が編めたところ。

8 編み地の端まで裏目を編みます。

2～8までをくり返して編んだものの表側と裏側です。表側には裏目が並び、裏側には表目が並びます。裏メリヤス編みは表と裏が逆になります。

◎ 伏せ止めをする

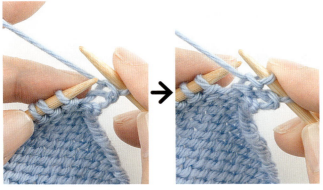

1 必要な段数を編んだら、最後は伏せ止めをして目を止めます。まず、右端から2目を裏目で編みます。

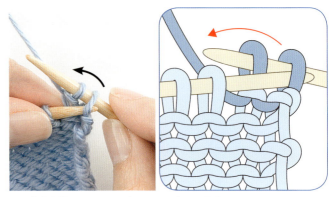

2 左針を使って、1目めを2目めにかぶせます。

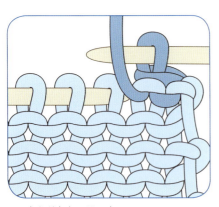

3 かぶせたところです。

4 次の目も裏目で編みます。

5 2と同様にして、2目めを3目めにかぶせます。

6 5を上から見たところです。

7 同様にくり返し、編み地の端まで止めます。

8 伏せ目を上から見たところです（糸の止め方と糸始末の仕方はP.33参照）。

かぎ針を使った伏せ止め（メリヤス編みの場合）

伏せ止めはかぎ針を使ってもできます。引き抜き止めともいいます。
かぎ針のほうが慣れている人はこの方法で行うとよいでしょう。

1 棒針にかかった右端の目に手前からかぎ針を入れます。

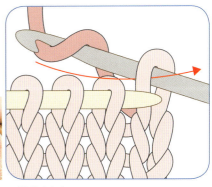

2 かぎ針に糸をかけ、右端の目のループから引き抜きます。

3 引き抜いたところです。

4 糸を編み地の向こう側に出し、棒針にかかっている次の目に手前からかぎ針を入れます。

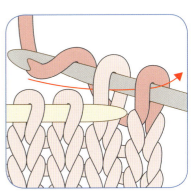

5 針に糸をかけて、矢印のように2ループから一度に引き抜きます。

6 伏せ止めができました。

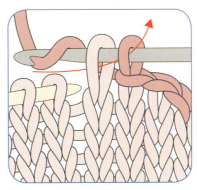

7 4、5をくり返し、編み地の端まで伏せ止めをしていきます。

8 伏せ止めが端までできたところ。伏せ止めの目を上から見るとこのようになります（糸の止め方と糸始末の仕方はP.33参照）。

ここまでのおさらい

表目はこれでカンペキ！

表目の編み方をおさらいしましょう。
右針は手前から入れて、糸をかけて引き出します。

1 糸を編み地の向こう側に出し、右針を矢印のように手前から入れます。
＊目と目の間の渡り糸（★）のことを「シンカーループ」といいます。

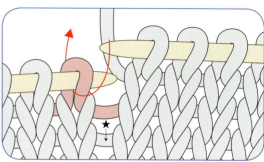

2 右針に糸をかけ、矢印のように糸を引き出します。

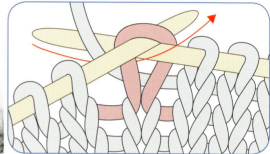

3 糸を引き出したところです。

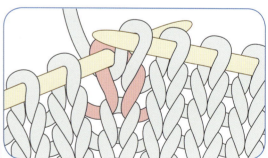

4 左針を抜き、表目が編めました。

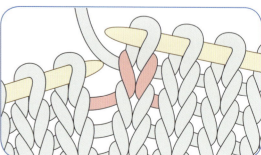

裏目はこれでカンペキ！

裏目の編み方をおさらいしましょう。
右針は向こう側から入れて、糸をかけて引き出します。

1 糸を編み地の手前に出し、右針を矢印のように向こう側から入れます。
＊上に向いているループ（☆）のことを「ニードルループ」といいます。

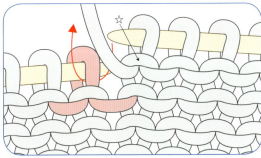

2 右針に糸をかけ、矢印のように糸を引き出します。

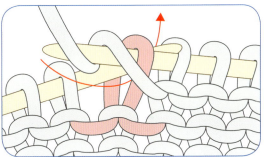

3 糸を引き出したところです。

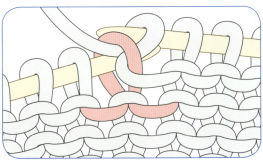

4 左針を抜き、裏目が編めました。

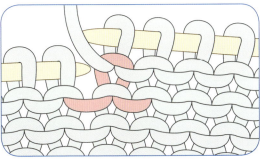

ゴム編みを編んでみよう

セーターの袖口や裾などに使われるゴム編み。表目と裏目を交互に編みます。

◎ まずこれを編んでみよう

1目ゴム編み

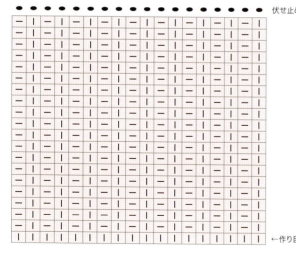

表目と裏目を1目ずつ交互に編むことで、メリヤス編み1目のうねが縦に伸びています。

2目ゴム編み

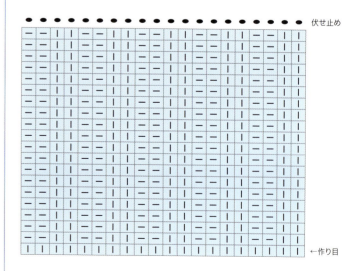

表目2目、裏目2目を交互に編むことで、メリヤス編み2目のうねが縦に伸びています。

1目ゴム編みを編む

表目、裏目を交互に編み、偶数段では編み地の裏側を見て、実際には表、裏、逆の目を編みます。

◎2段め 表目を編む

1 作り目を作り（P.26〜29参照・ここでは18目）、作り目のかかった針を左手で持ち、右手でもう1本の針を持ちます。右端の目に手前から針を入れ、表目を編みます。

2 表目が1目編めました。

◎2段め 裏目を編む

3 次の目は糸を編み地の手前に出し、向こう側から右針を入れ、裏目を編みます。

◎2段め 編み終わり

4 1〜3をくり返し、端まで編みます。

◎3段め 表目を編む

5 編み地を返し、1と同様に手前から右針を入れ、表目を編みます。

◎3段め 編み終わり

6 2段めと同様、裏目、表目…と交互にくり返し、端まで編みます。

◎ 伏せ止めをする

1目ゴム編みを編む

1 必要な段数を編んだら、伏せ止めで止めます。

2 1目めは表目を編みます。

3 2目めは裏目を編みます。

4 左針を使って、1目めを2目めにかぶせます。

5 かぶせて伏せ止めができたところ。

6 以降、前段と同じ目を編んで前の目をかぶせることをくり返します。次は表目を編みます。

7 前の目をかぶせます。

8 これをくり返して、端まで伏せ止めをします（糸の止め方と糸始末の仕方はP.33参照）。

ココが大事！ 両端の目をよく確認する

ゴム編みの編み地は両端が丸まっていることが多いので、両端の目が表目か裏目かをしっかり確認してから伏せ止めを始めましょう。

2目ゴム編みを編む

表目、裏目を2目ごと交互に編み、偶数段のときは編み地の裏側を見て、実際には表、裏、逆の目を編みます。

◎2段め 表目を2目編む

1 作り目を作り（P.26〜29参照・ここでは20目）、作り目のかかった針を左手で持ち、右手でもう1本の針を持ちます。右端の目に手前から針を入れ、表目を編みます。

2 表目の1目めが編めました。表目をもう1目編みます。

3 表目が2目編めました。

◎2段め 裏目を2目編む

4 次の目は裏目を編みます。

5 もう1目裏目を編みます。

◎2段め 編み終わり

6 表目2目、裏目2目をくり返し、端まで編みます。

◎3段め 表目を2目編む

7 編み地を返し、1と同様に手前から右針を入れて表目を2目編みます。

◎3段め 裏目を2目編む

8 次の2目は裏目で編みます。

◎3段め 編み終わり

9 表目2目、裏目2目をくり返して編み、端まで編みます。

◎ 伏せ止めをする

2目ゴム編みを編む

1 必要な段数を編んだら、伏せ止めで止めます。まず、表目を1目編みます。

2 表目をもう1目編みます。

3 左針を使って、1目めを2目めにかぶせます。

4 かぶせたところです。

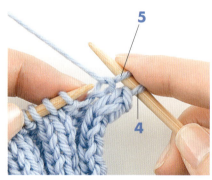

5 裏目を1目編みます。

6 4の目を5の目にかぶせます。

7 次の目も裏目を編みます。

8 6の目を7の目にかぶせます（写真はかぶせたところ）。

9 前段と同じ目を編み、前の目をかぶせることをくり返し、端まで伏せ止めができました（糸のとめ方と糸始末の仕方はP.33参照）。

Study

別鎖の作り目

縁編みをするときなど、作り目をあとからほどく必要があるときに便利な作り目の方法です。別鎖はかぎ針で編みます。

鎖編みを編む

1 写真のように左手に糸をかけ、かぎ針を糸の後ろに当て、矢印のように動かします。

2 かぎ針にループが巻きつきました。

3 ループの根元を手で押さえ、針に糸をかけ、矢印のように糸を引き出します。

4 3でできた目を軽く引きしめます。この目は、作り目の数には含まれません。

5 同じように糸をかけて引き出し、必要な数だけ鎖編みを編みます。

6 別鎖が編めました。別鎖はあとでほどくので、2、3目多めに編んでおくと安心です。

鎖の裏山を拾って作り目をする

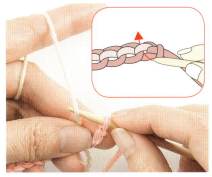

7 編み糸を左手にかけ、棒針を編み終わり側の鎖の裏山に矢印のように入れ、針に編み糸をかけます。

8 かけた糸を引き出します。

9 7、8をくり返して必要な数だけ作り目を作ります。

47

Study

糸が足りなくなったら

編んでいる途中で糸玉が終わってしまうこともしばしば。足りなくなったときの対処法を紹介します。

編み地の端で糸を足す

1 糸端を10cmくらい残して新しく使う糸を左針の先に当てます。

2 端の目に右針を入れて糸をかけて引き出し、表目を編みます。

3 次の目に右針を入れて糸をかけて引き出し、表目を編みます。

4 同様にくり返し、8目編めました。新しい糸で編めています。

編み地の途中で糸を足す

1 新しい糸は端を10cmくらい残して使います。

2 新しい糸を左針の先に当てて右針で引き出し、表目を編みます。

3 表目が1目編めたところです。

4 同様に2目めも表目で編みます。

5 編み終えたら糸始末をします。編み始めと編み終わりの2本の糸端を交差させます。 ココが大事！

6 とじ針に糸端を通し、隣の目の下をくぐらせます。

7 糸を引き出し、ジグザグになるように隣の目に針を入れてくぐらせます。

8 これを4、5目くり返します。

9 もう1本の糸端も同様に目にくぐらせます。

10 糸端を2本ともくぐらせたところです。

11 余った糸は編み地ギリギリのところで切ります。

12 糸始末が終わったところです。

2

基本をマスターした人の
プラスワンテクニック

ここで学ぶこと

- 輪に編む
- かのこ編み
- 縄編みを編む
- １目ゴム編み止め
- ２目ゴム編み止め

輪に編む

ミトンや帽子など輪の形で編んでいくときは、短めの棒針を数本使う場合と輪針を使う場合があります。

◎ 棒針で編む（4本針を使用する）

作り目をする　　3本の針に分ける

1 作り目をして（P.26〜29参照・ここでは26目）、針を1本はずします。

2 作り目の3分の1の目を（ここでは9目）2本めの針に移します。

3 10目めからは3本めの針に移します。

4 3本めの針に9目移します。

4本めの針で編む

5 作り目を3本の針に分けました。

6 作り目がねじれないように気をつけて持ち、4本めの針で2段めを編みます。

7 右手に持った4本めの針を最初の作り目の手前から入れ、表目を編みます。

2段め編み終わり

8 7をくり返し、1本めの針の目を表目で編み終えました。輪に編む場合は、編み目記号図どおりに編みます。

9 2本めの針にかかった目、3本めの針にかかった目にもすべて表目を編み、2段めが編み終わりました。

ココが大事！ 逆行しないように注意しましょう

次の段を編むとき、つい近くの編み目に針を入れたくなりますが、そこに針を入れると逆向きに編んでしまうことになります。離れているほうが正しい進行方向です。

◎ 輪針で編む

棒針で作り目をする

1 棒針で作り目を作り (P.26〜29参照・ここでは26目)、針を1本抜きます。

輪針に移す

2 棒針にかかっている作り目を輪針に1目ずつ移します。

3 すべての目を輪針に移したところです。

編み終わりに目数リングを入れる

4 段の変わり目がわかりやすいよう、ここで目数リングを入れておきます。

5 2段めを編みます。

目数リングを移す

6 リングのところまで編んだら、リングを右針に移します。

輪に編む

最終段まで編む

7 最終段まで編み終わりました。

伏せ止めをする

8 編み地を伏せ止めで止めます。往復に編んだ編み地の伏せ止め（P.36参照）と同様に編み、かぶせることをくり返します。

糸を引き抜く

9 8を1周くり返し、伏せ止めが終わったら糸端を10cmくらい残して糸を切り、ループの中から糸端を出して引き抜きます。

とじ針で輪をつなげる方法

10 軽く引きしめ、糸端はとじ針で始末します（糸始末の仕方はP.33参照）。

11 編み終わりをきれいに見せたいときは最後の目をとじ針でつなげます。まず、とじ針に糸を通します。

12 最後の目がチェーン（鎖）状になるように止め始めの目に手前から針を入れ、糸を引きます。

13 1目戻って写真のように針を入れます。

14 糸を引き出します。

15 目で輪がつながりました。

かのこ編みを編む

表目と裏目が上下左右交互になるように編む方法。ぽこぽこした編み目が特徴です。

2段め

1 作り目（15目）を作り、2段めの1目めは裏目で編みます。

2段め編み終わり

3段め

2 2段めの2目めは表目を編みます。

3 裏目、表目を交互に編み、2段めが編み終わりました。

4 編み地を返し、3段めの1目めに裏目を編みます。

3段め編み終わり

伏せ止めをする

5 3段めの2目めは表目を編みます。

6 3段めを編み終えたところ。編み目が交互になっているのがわかります。同様に必要段数を編みます。

7 1目めは前の段と逆の裏目を編みます。

かのこ編みを編む

8 次の目は表目を編みます。

9 左針を使って1目めを2目めにかぶせます。

10 かぶせたところです。

11 3目めは裏目を編みます。

12 左針を使って2目めを3目めにかぶせます。

13 かぶせたところです。

14 これをくり返して、端まで止めていきます。

15 最後の目は裏目を編みます。

16 裏目が編めました。

17 左針を使って、最後から2目めを最後の目にかぶせます。

18 かぶせて終わりです。

19 糸端を10cmくらい残して切り、ループの穴を大きくします。

糸を引き抜く

20 ループから糸端を引き出します。

21 糸端を引き抜きます。

22 最後に軽く引きしめ、とじ針で糸始末をします（糸始末の仕方はP.33参照）。

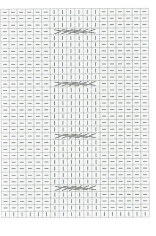

◎ 縄編みを編む

1 縄編みの交差編みが始まる前の段まで編めたところです。

2 交差編みの手前まで裏目で編みます。

3 次の3目を縄編み針に移します。

4 続けて表目を3目編みます。

5 縄編み針に移していた1目めを表目で編みます。

6 1目めが編めたところ。

7 続けて、残り2目も表目で編みます。

8 続けて裏目で端まで編みます。

9 8を裏側から見たところです。

10 さらに交差させるまで編み図どおりに7段編みます。

11 次の交差の手前まで裏目を編みます。

12 次の3目を縄編み針に移します。

13 表目を3目編みます。

14 縄編み針に移した3目を表目で編みます。

15 続けて裏目で端まで編みます。目が交差しました。

16 15を裏側から見たところです。

縄編みを編む

55

ゴム編み止めをする

ゴム編みは伏せ止めでも止められますが、ゴム編み止めをすると編み地の伸縮性を損なわずに止められます。

＊プロセスをわかりやすくするため糸の色を替えています。

◎1目ゴム編み止め
（右端表目2目左端表目1目）

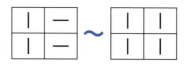

止め始め（表目2目）

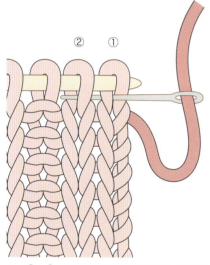

1 ①と②に図のように針を入れます（詳細は右欄）。

❶ここから1目ゴム編み止めを始めます。

❷まず①に手前から針を入れます。

❸②に向こう側から針を入れます。

❹糸を引きます。

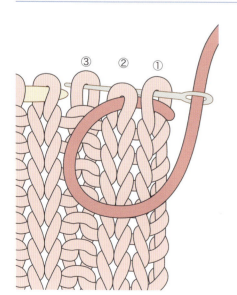

2 ①と③に図のように針を入れます（詳細は右欄）。

❶①に手前から針を入れます。①、②の目を左針からはずします。

❷②の後ろを通し③に手前から針を入れて、棒針からはずします。

❸糸を引きます。

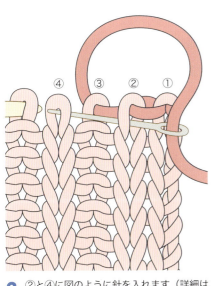

❶②に手前から、④に向こう側から針を入れます。

❷④を棒針からはずします。

3 ②と④に図のように針を入れます（詳細は右欄）。

❸糸を引いていきます。

❹④の後ろを通ししっかり引くと、このようになります。

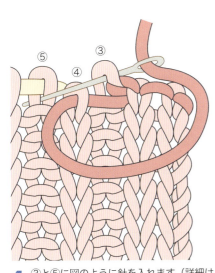

❶③に向こう側から針を入れます。

❷④の目の前を通って⑤に手前から針を入れます。

4 ③と⑤に図のように針を入れます（詳細は右欄）。

❸⑤を棒針からはずします。

❹糸をしっかり引きます。

5 ここからは**3**、**4**をくり返します。写真の表目と表目に針を入れます。

6 糸を引きます。

7 写真の裏目と裏目に針を入れて糸を引きます。

8 左端の1目手前まで**3**、**4**をくり返します。

ゴム編み止めをする

止め終わり（表目1目）

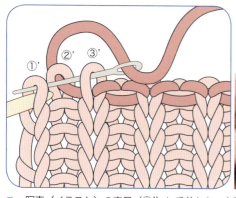

1 写真（イラスト）の表目（③'）に手前から、表目（①'）に向こう側から針を入れます。

2 棒針をはずし、糸を引きます。

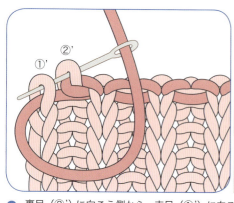

3 裏目（②'）に向こう側から、表目（①'）に向こう側から針を入れます。

4 糸を引きます。

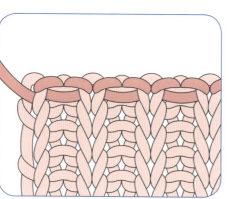

5 これで1目ゴム編み止めが端までできました。

6 1目ゴム編み止めを真上から見たところです。

◎1目ゴム編み止め
（右端表目1目左端表目2目）

止め始め（表目1目）

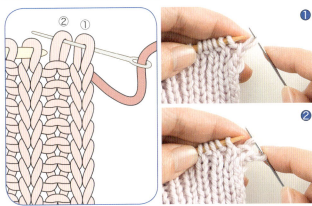

1 ①に向こう側から、②に手前から針を入れて棒針からはずし、糸を引きます。

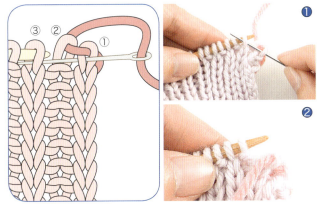

2 ①に手前から、③に向こう側から針を入れて棒針からはずし、糸を引きます。

止め終わり（表目2目）

3 ②に向こう側から針を入れ、③の後ろを通し、④に手前から針を入れて棒針からはずし、糸を引きます。2、3をくり返します。

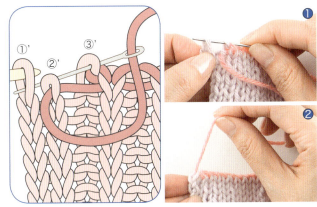

4 ③'に向こう側から針を入れ、②'の後ろを通し、①'に向こう側から針を入れて棒針からはずし糸を引きます。

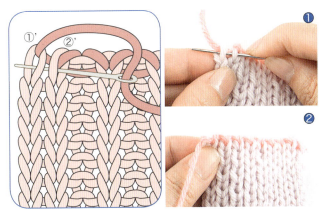

5 ②'に手前から、①'に向こう側から針を入れて糸を引きます。

6 1目ゴム編み止めが端までできました。

ゴム編み止めをする

◎ 2目ゴム編み止め
（両端表目2目）

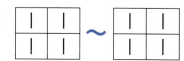

止め始め（表目2目）

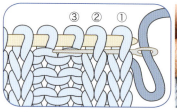

1 ①と②に向こう側から針を入れます。

2 ①と②を棒針からはずします。

3 糸を引きます。

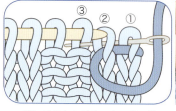

4 ①に手前から針を入れ、②の後ろを通し、③に手前から針を入れます。

5 ③を棒針からはずします。

6 糸を引きます。

ゴム編み止めをする

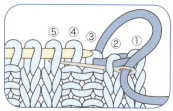

7 ②に手前から針を入れます。

8 ③と④の手前を通り、⑤に向こう側から針を入れます。

9 糸を引きます。

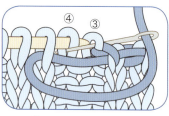

10 ③に向こう側から針を入れます。

11 ④に手前から針を入れて、棒針からはずします。

12 糸を引きます。

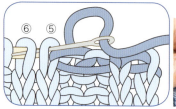

13 ⑤に手前から針を入れて棒針からはずし、⑥に向こう側から針を入れます。

14 ⑥を棒針からはずし、糸を引きます。

15 ④に向こう側から針を入れます。

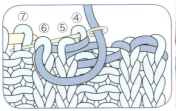
16 ⑤と⑥を手前において、⑦に手前から向こう側に針を入れて、棒針からはずします。

17 糸を引きます。

18 ⑥に手前から針を入れ、⑦と⑧を向こう側において⑨に向こう側から手前に針を入れます。

19 糸を引きます。

20 18でとばした⑦に向こう側から、⑧には手前からとじ針を入れて棒針からはずします。

21 糸を引きます。

止め終わり

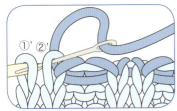
22 13～21をくり返して端まで止め、最後は②'に手前から、①'に向こう側から針を入れ棒針からはずします。

23 糸を引きます。

24 ③'(裏目)と①'に向こう側から針を入れます。

25 糸を引きます。

26 2目ゴム編み止めが端までできました。　　2目ゴム編み止めを、上から見たところです。

ゴム編み止めをする

ココが大事！
慣れないうちは伏せ止めでもOK

ゴム編み止めは複雑で難しいと感じる人が多いでしょう。慣れるまでは伏せ止めでも構いません。棒針編み上達のためには、まず作品を完成させることが大切です。ゴム編み止めを敬遠して編むのをやめてしまうよりは、伏せ止めをしてでも完成作品を増やしていきましょう。針の動かし方に慣れてきたら、落ち着いて挑戦してみてください。ゴム編み止めは、基本的には表目同士、裏目同士に針を通していきます。

◎1目ゴム編み止め［輪編みの場合］

止め始め

1 ①に向こう側から針を入れます。

2 ①を棒針からはずします。

3 ②に手前から針を入れます。

4 ②を棒針からはずします。

5 糸を引きます。

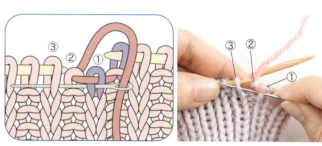

6 ①に手前から、③に向こう側から針を入れます。

7 ③を棒針からはずします。

8 糸を引きます。

9 ②に向こう側から針を入れ、④に手前から針を入れます。

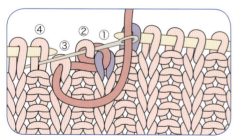

10 9を図で見たところです。

④を棒針からはずします。

11 糸を引きます。

12 次は**6**の図と同様にくり返します。

13 さらに**10**の図と同様にくり返します。

14 12、13をくり返し①の手前まで1周止めていきます。

止め終わり

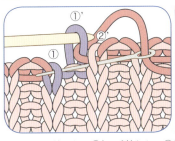

15 止め終わりは②'に手前から、①に向こう側から針を入れます。

16 糸を引きます。

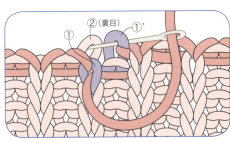

17 ①'に向こう側から、②に手前から針を入れます。

18 糸を引きます。

19 1目ゴム編み止めが1周できました。

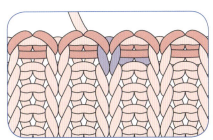

20 止め始めと止め終わりはこのようにつながります。

ゴム編み止めをする

◎2目ゴム編み止め［輪編みの場合］

止め始め

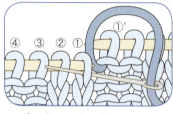   

1 ①に向こう側から針を入れます。　**2** ①を棒針からはずします。　**3** 糸を引きます。

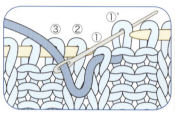   

4 ①'（編み終わり）に手前から針を入れます。　**5** ①'を棒針からはずします。　**6** 糸を引きます。

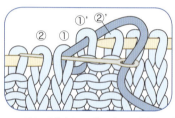   

7 ①に手前から、②に向こう側から針を入れます。　**8** ②を棒針からはずします。　**9** 糸を引きます。

 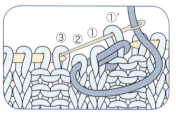  

10 ①'に向こう側から針を入れます。　**11** ③に手前から針を入れて棒針からはずします。　**12** 糸を引きます。

13 ②に手前から針を入れ、③と④をとばして⑤に向こう側から針を入れます。　**14** 糸を引きます。　**15** ③に向こう側から針を入れます。

16 ④に手前から入れて棒針からはずします。

17 糸を引きます。

18 7のイラストと同様に表目2目に針を入れます。

19 18の目を棒針からはずします。

20 糸を引きます。
止め終わり

21 7〜14をくり返して1周止めていきます。

22 編み終わりの端の表目2目に7のイラストと同様に針を入れます。

23 糸を引きます。

24 最後はまず③'に手前から針を入れます。次に①の向こう側から針を入れます。

25 糸を引きます。

26 24のイラストの②'に向こう側から針を入れます。

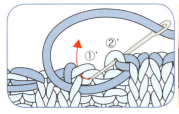
27 イラストの①'の目に手前から針を入れます。

28 糸を引きます。

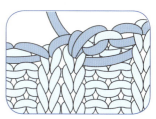
29 28はこのように糸がつながっています。

30 輪編みの2目ゴム編み止めが1周できました。

31 輪編みの2目ゴム編み止めを上から見たところ。

ゴム編み止めをする

Study

SOS! 目が増えている

誤ってかけ目をしたり、渡り糸（シンカーループ・P.40参照）を拾ったりして1目増えてしまった場合もほどかずに修復できます。

1 編み図にないかけ目をして、目が1目増えてしまいました。

2 増えた目の上まで別の棒針に目を移します。

3 増えた目のところで目を2つに分けました。

4 増えた目の上の目を針からはずします。

5 左右の針を引っ張り、間違った段までの増えた目をほどきます。

6 別の針に移していた目を元の針に戻します。

7 目をほどいた部分の目がまだゆがんでいます。

8 編み地を前後左右に引っ張って、たるんだ糸を編み地全体に吸収させます。

9 これでもきれいにならなければ、アイロンをかけて整えます。

3 棒針編みが もっと上手になる！ MORE テクニック

ここで学ぶこと

- **目の拾い方**
  作り目から拾う／伏せ目から拾う／別鎖の作り目から拾う／
  段から拾う／斜線から拾う／曲線から拾う

- **目を増やす**

- **目を減らす**

- **配色糸の替え方**
  横縞／縦縞／連続模様／ダイヤ柄

- **はぎ方**
  メリヤスはぎ／裏メリヤスはぎ／ガーターはぎ／
  かがりはぎ／目と段のはぎ／引き抜きはぎ／かぶせはぎ

- **とじ方**
  すくいとじ／返し縫いとじ／引き抜きとじ／まつりとじ

目を拾う

すでに編んだ編み地に新たに編み加えるときに、編み地から目を拾う必要があります。主なケースの拾い方を覚えておきましょう。

◎一般的な作り目から拾う

［メリヤス編み］

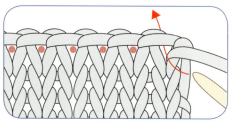

1 一般的な作り目から編み始めたメリヤス編みの作り目から拾い目をしていきます。

2 矢印のように右針を入れます。

3 右針に糸をかけます。

4 かけた糸を引き出します。

5 2～4をくり返し、拾い目が5目できました。

6 端まで拾い目ができ、棒針に目がかかりました。ここから新たな編み地を編んでいきます。

［裏メリヤス編み］

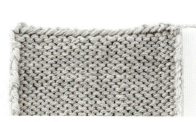
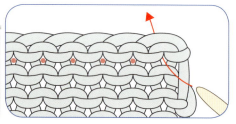

1 一般的な作り目から編み始めた裏メリヤス編みの作り目から拾い目をしていきます。

2 矢印のように右針を入れます。

3 右針に糸をかけます。

4 かけた糸を引き出します。

5 2～4をくり返して、拾い目が5目できました。

6 端まで拾い目ができ、棒針に目がかかりました。ここから新たな編み地を編んでいきます。

◎ 伏せ目から拾う

[メリヤス編み]

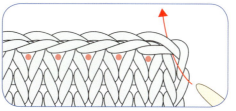

1 一般的な作り目から拾う場合と同様です。メリヤス編みの編み地の伏せ目側から拾い目をしていきます。

2 矢印のように右針を入れます。

3 右針に糸をかけます。

4 かけた糸を引き出します。

> **NG!**
>
> **目を間違うと縦のラインがずれます**
>
> メリヤス編みのVの字の中ではなく、Vの字の外のすき間に針を入れて拾うと、右の写真のようになります。メリヤス編みの縦ラインがずれていることがわかるでしょう。最初に針を入れるところを間違わないようにしましょう。

5 2〜4をくり返し、拾い目が5目できました。

6 端まで拾い目ができ、棒針に目がかかりました。

[裏メリヤス編み]

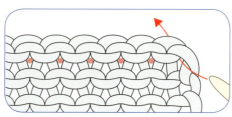

1 一般的な作り目から編み始めた裏メリヤス編みの編み地の伏せ目側から、拾い目をしていきます。

2 矢印のように右針を入れます。

3 右針に糸をかけます。

4 かけた糸を引き出します。

5 2〜4をくり返し、拾い目が5目できました。

6 端まで拾い目ができ、棒針に目がかかりました。

目を拾う

69

◎ 別鎖の作り目から拾う

1 別鎖の作り目（P.47参照）から編み始めた編み地の作り目側から、拾い目をしていきます。

2 右針を矢印のように入れます。

3 針に糸をかけます。

4 糸を引き出します。

5 右針に1目かかりました。2目めも写真のように針を入れます。

6 針に糸をかけ引き出して、2目めが拾えました。

7 5、6をくり返し、拾い目が5目できました。

8 さらに5、6をくり返し、端まで拾い目ができ、棒針に目がかかりました。

9 8の裏側です。

10 別鎖をほどきます。まず、端の作り目をゆるめます。

11 糸端を持ち、引きます。

12 編み地にからまっているところをはずします。

13 糸端を引くと別鎖がどんどんほどけていきます。

14 端までほどいていきます。

15 別鎖がすべてほどけ、拾い目だけが残りました。

◎ 段から拾う

［メリヤス編み］

1 メリヤス編みの編み地の段から拾い目をしていきます。

2 右針を矢印のように、端目と2目めの間に入れます。

3 針に糸をかけます。

4 糸を引き出し、針に目がかかりました。

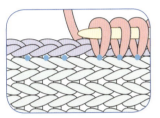

5 2〜4をくり返します。ここでは3目拾って1目とばしています。

6 拾い目が5目できました。同様に端まで拾います。

［裏メリヤス編み］

1 裏メリヤス編みの編み地の段から拾い目をしていきます。

2 右針を写真のように端目と2目めの間に入れます。

3 針に糸をかけます。

4 糸を引き出し、針に目がかかりました。

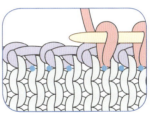

5 2〜4をくり返します。ここでは3目拾って1目とばしています。

6 拾い目が5目できました。同様に端までくり返します。

［ガーター編み］

1 ガーター編みの編み地の段から拾い目をしていきます。

2 右針を写真のように端目と2目めの間に入れます。

3 針に糸をかけます。

4 糸を引き出し、針に目がかかりました。

5 2〜4をくり返し、2目めを拾います。

6 さらに2〜4をくり返し、3目めを拾います。

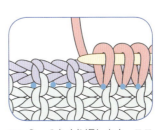

7 2〜4をくり返します。ここでは3目拾って1目とばしています。

8 拾い目が5目できました。同様に端まで拾います。

目を拾う

◎ 斜線から拾う

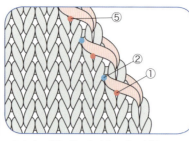

1 斜線からはこのように拾っていきます。順に見てみましょう。減らし目のない段では、段からの拾い目と同じように●から拾い、減らし目（ピンクの目）では、半目内側の●を拾います。

2 まず針を矢印のように図1の①に入れます。

3 針に糸をかけます。

4 糸を引き出し、針に目がかかりました。

5 図1の②に針を入れて糸をかけ、引き出し、2目めが拾えました。

6 2〜5をくり返し、5目拾えました。さらに端まで拾うと1の右の写真のようになります。

◎ 曲線から拾う

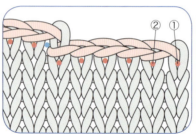

1 曲線からはこのように拾っていきます。順に見てみましょう。カーブの角度によっては輪針を使ってもよいでしょう。伏せ目のところでは●から、伏せ目と伏せ目の間では●から目を拾います。減らし目のところでは斜線から拾う場合と同様、半目内側を拾います。

2 まず針を矢印のように図1の①に入れます。

3 針に糸をかけます。

4 糸を引き出し、針に目がかかりました。

5 図1の②に針を入れて糸をかけ、引き出し、2目めが拾えました。

6 2〜4をくり返し、5目拾えました。さらに端まで拾うと1の右の写真のようになります。

Study

端目を確認しよう

実際の編み地を見るとわかりにくいのが端目。それぞれの編み方での端目を確認しておきましょう。

◎メリヤス編み

端が丸まりやすい編み地なので、少し引っ張ってみましょう。表側からは端目の右側の半目が裏側に隠れています。端目は針の通っている目になります。

◎裏メリヤス編み

裏メリヤス編みの編み地の端目はさらにわかりにくいものです。裏目1目の編み目を順に追ってみて、終わったところにあるのが写真の端目です。

◎1目ゴム編み

1目ゴム編みの場合、編み図を見て両端の表目が何目と何目になっているかを確認してみましょう。写真では右端は表目が2目となっているので、端目は写真のようになります。

◎2目ゴム編み

1目ゴム編みのときと同様、まずは編み図で両端の表目の数を確認しましょう。写真では右端は表目が2目となっているので、端目は写真のようになります。

目を増やす

編み地の幅を広げるときには目数を増やす（増し目）必要があります。もっともポピュラーなのがねじり増し目です。

◎ねじり増し目【表目】

[右側]

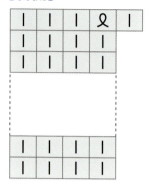
1 表目を1目編みます。

2 矢印のようにシンカーループ（P.40参照）に右針を入れます。

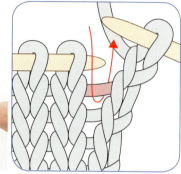

3 2の位置に針を入れて引き上げます。

4 この目は編まずに左針へ移します。

5 右針を矢印のように入れます。

6 表目を編みます。

7 ねじり目で1目増えました。以降は表目を編みます。

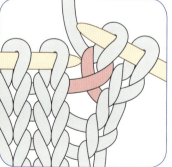

［左側］

1 端目の1目手前まで表目を編みます。

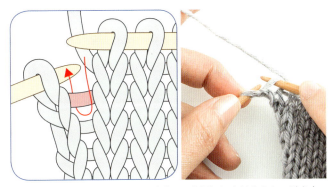

2 矢印のようにシンカーループ（P.40参照）に右針を入れ、引き上げます。

3 この目は編まずに左針へ移します。

4 3を左針に移したところ。

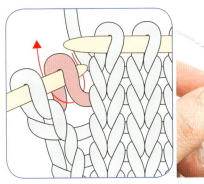

5 矢印のように右針を入れます。

6 右針に糸をかけて表目で編みます。

7 ねじり目で1目増えました。端目を表目で編みます。

目を増やす

◎ ねじり増し目【裏目】

[右側]

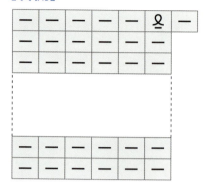

目を増やす

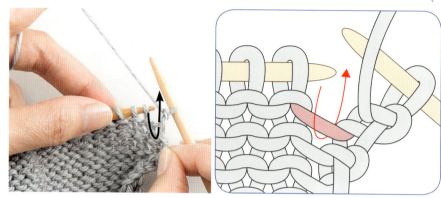

1 裏目を1目編み、シンカーループ（P.40参照）に矢印のように右針を入れます。

2 針を入れて引き上げます。

3 この目は編まずに左針へ移します。

4 左針に移したところです。

5 糸を編み地の手前に出し、移した目に向こう側から右針を入れ、裏目を編みます。

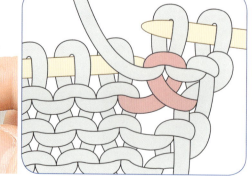

6 裏目のねじり目で1目増えました。以降は裏目を編みます。

[左側]

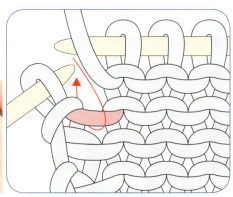

1 端目の1目手前まで裏目を編み、シンカーループ（P.40参照）に矢印のように右針を入れます。

目を増やす

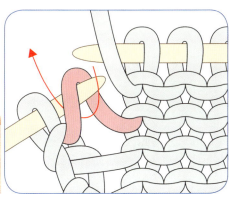

2 針を入れて引き上げます。

3 この目は編まずに左針へ移します。

4 糸を編み地の手前に出し、矢印のように右針を入れます。

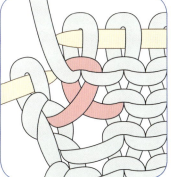

5 右針を入れたところです。

6 左針に移した目を裏目で編みます。

7 裏目のねじり目で1目増えました。端目を裏目で編みます。

77

◎ かけ目とねじり目で増やす【表目】

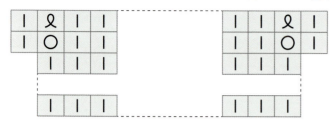

1 表側を見て、まず表目1目を編みます。

2 かけ目をします。

3 表目を1目編みます。

4 端目の1目手前まで編み、かけ目をします。

5 端目を表目で編みます。

6 編み地を返し、端目を裏目で編みます。

7 前段でかけ目をした目に向こう側から針を入れます。

8 裏目を編みます。かけ目とねじり目で1目増えました。

9 前段でかけ目をした1目手前まで裏目で編みます。

10 前段でかけ目をした目に針を入れます。

11 かけ目を右針に移します。

12 かけ目の向きを変えて、左針に入れ直します。

13 矢印のように針を入れ、裏目で編みます。

14 端目も裏目で編みます。

15 こちらの端もかけ目とねじり目で1目増えました。

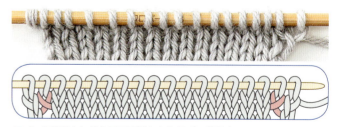

16 かけ目とねじり目で両端とも1目ずつ増えました。

◎ かけ目とねじり目で増やす【裏目】

1 表側を見て、まず裏目1目を編みます。

2 かけ目をします。

3 裏目で1目編みます。

4 端の1目手前まで裏目を編みます。

5 かけ目をします。

6 端目を裏目で編みます。

7 編み地を返し、端目を表目で編みます。

8 前段のかけ目の向きを変えます。

9 写真のようにかけ目を右針へ移します。

10 向きを変えて左針へ戻します。

11 右針をはずします。

12 写真のように右針を入れ、表目で編みます。

13 ねじり目が編めました。

14 次の目を表目で編みます。

15 2のかけ目の手前まで表目を編みます。

16 かけ目に写真のように右針を入れ、表目で編みます。端目を表目で編みます。

17 かけ目とねじり目で両端とも1目ずつ増えました。

目を増やす

◎ 巻き目で増やす

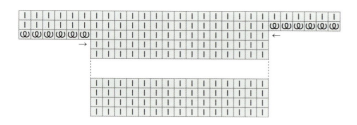

1 ここから目を増やしていきます。

2 写真のように右針を入れて糸をねじって指に巻きつけます。

目を増やす

3 指を抜くと巻き目ができます。

4 2、3をくり返して巻き目を作っていきます。

5 きつく引きすぎないように注意しましょう。

6 巻き目を6目作りました。

7 編み地を返し、端の目に針を入れ、裏目を編みます。

8 同様に巻き目の5目に裏目を編みます。

9 6目が編めたところです。

10 端まで裏目を編みます。

11 2と同様に糸をねじって指に巻きつけます。

12 3と同様に巻き目を作ります。

13 巻き目を6目作りました。

14 編み地を返し、写真のように右針を入れます。

15 巻き目に表目を編みます。

16 巻き目6目に表目を編みました。

17 端まで表目を編み、両端とも巻き目で6目ずつ増えました。

◎ 別鎖から拾って増やす

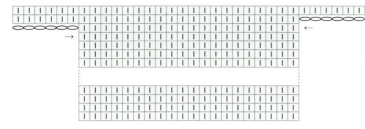

1 別糸で別鎖（ここでは6目）を編んで2本用意します。

2 別鎖の裏山を拾っていきます。

3 別鎖の端目の裏山に右針を入れます。

4 針に糸をかけて引き出します。

5 同様に別鎖の5目の裏山を拾います。

6 編み地を返し、拾った6目を裏目で編みます。

7 端まで裏目で編み、もう1本の別鎖の裏山に針を入れます。

8 針に糸をかけて引き出します。

9 同様に別鎖の5目の裏山を拾います。

10 編み地を返し、拾った6目を表目で編みます。

11 端まで表目で編みます。

12 両端とも別鎖から拾って6目ずつ増えました。

目を増やす

目を減らす

編み地の幅を狭めるときには目数を減らす（減らし目）必要があります。作品によって適切な減らし方が指示されます。

◎端で1目減らす【表目】

1 これから編み地の端で1目減らします。

2 端の目に写真のように右針を入れます。

3 この目は編まずに右針へ移します。

4 次の目を表目で編みます。

5 3で移した目を4で編んだ目に、左針を使ってかぶせます。

6 かぶせたところです。端の2目が1目減りました（右上2目一度）。

7 反対側は、端の2目手前まで表目を編み、矢印のように右針を入れます。

8 7の矢印のように針を入れたところです。

9 2目一緒に表目を編みます。端の2目が1目減りました（左上2目一度）。

◎端で1目減らす【裏目】

1 端の目に写真のように右針を入れます。

2 この目は編まずに右針へ移します。

3 2目めも編まずに右針へ移します。

4 右針に2目とも移したところです。

5 移した2目に写真のように左針を入れて、左針に移します。

6 移した2目に向こうの左側から右針を入れます。

7 右針を入れたところです。

8 2目一緒に裏目を編みます。端の2目が1目減りました（裏目の右上2目一度）。

9 端の2目手前まで裏目を編みます。

10 2目一緒に右針を入れます。

11 2目一緒に裏目を編みます。端の2目が1目に減りました（裏目の左上2目一度）。

12 両端で1目ずつ目が減りました。

目を減らす

◎1目内側を減らす【表目】

1 端の目を表目で編みます。

2 次の目に写真のように右針を入れます。

3 編まずに右針へ移します。

4 次の目は表目で編みます。

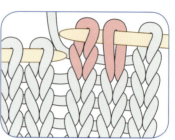

5 編まずに移した目に左針を入れます。

6 4で編んだ目にかぶせます。端の1目内側が1目減りました（右上2目一度）。

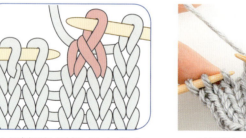

7 反対側は、端の3目手前まで表目で編みます。

8 次の2目を一緒に表目で編みます（左上2目一度）。

9 8の表目を編んだところ。端の目を表目で編みます。

10 両端の1目内側でそれぞれ1目ずつ減りました。

◎1目内側を減らす【裏目】

1 端の目を裏目で編みます。

2 次の目に写真のように右針を入れます。

3 編まずに右針へ移します。

4 次の目も編まずに右針へ移します。

5 移した2目に、写真のように左針を入れて左針へ移します。

6 移した2目に矢印のように向こうの左側から右針を入れます。

7 右針を入れたところです。

8 2目一緒に裏目を編みます。端の1目内側が1目減りました（裏目の右上2目一度）。

9 反対側は端の3目手前まで裏目で編みます。

10 次の2目に一緒に右針を入れ、裏目を編みます。

11 10の裏目を編んだところ。端の目を裏目で編みます。

12 端の1目内側が1目減りました（裏目の左上2目一度）。

13 両端の1目内側でそれぞれ1目ずつ減りました。

目を減らす

◎2目以上減らす（ここでは5目）

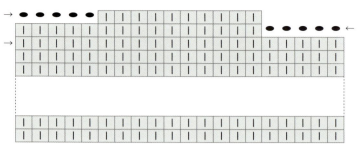

1 これから両端で5目ずつ減らします。

2 右端の1目めと2目めを表目で編みます。

目を減らす

3 1目めに左針を入れて、2目めにかぶせます。

4 かぶせたところです。

5 次の目を表目で編みます。

6 4の目を5の目にかぶせます。

7 5、6をくり返して5目まで伏せ目をします。

8 次の目からは表目で編んでいきます。

9 端まで表目で編みます。

10 編み地を返します。

11 2〜6を裏目でくり返して端から5目伏せ目をします。次の目からは裏目を編み、端まで編みます。

12 両端で5目ずつ減りました。

糸の色を替える

糸の色を替えて編めるようになると、作品のバリエーションが増えます。色の替え方の主なパターンを覚えておきましょう。

◎ 横縞を編む

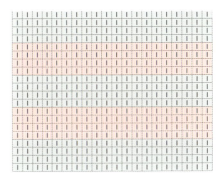

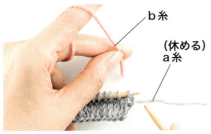

1 a糸で4段編み、糸を休めておきます。次の色の糸（b糸）は、糸端を10〜15cm残して編み始めます。

2 端の目に右針を入れてb糸をかけ、引き出し、表目を編みます。

3 2をくり返し、表目を編みます。

4 端まで表目で編み、針にはb糸がかかりました。

5 続けてb糸を3段編みます。

6 休めていたa糸を写真のように引き上げ、b糸は休めておきます。

7 端の目に右針を入れてa糸をかけ、引き出し、表目を編みます。

8 7をくり返し、表目を編みます。

9 端まで表目を編み、針にはa糸がかかりました。

◎ 縦縞を編む
※糸玉は縞の本数分用意します。

表　　　　　　　　　裏

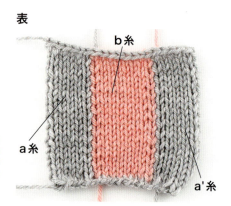
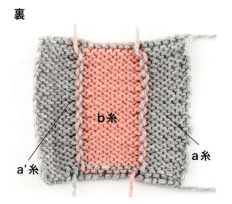
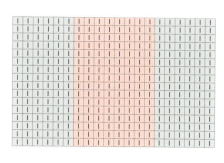

糸の色を替える

1 a糸で作り目を作り、2段めのb糸に替える手前まで裏目を編みます。

2 糸端を10〜15cm残してb糸を使います。

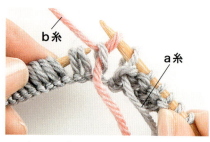

3 次の目に右針を入れ、b糸をかけて引き出します。

4 b糸の部分を裏目で編みます。

ココが大事！

5 aとは別のa'糸を用意します。糸玉は縞の本数分を用意します。ここでは、a糸・a'糸・b糸、計3個の糸玉を使います。

6 a'糸で裏目を編みます。

7 a'糸で端まで裏目を編みます。

8 編み地を返してそのままa'糸でb糸のところまで表目で編みます。

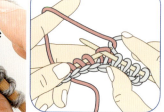

9 休ませていたb糸をa'糸と交差させます。

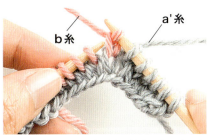

10 交差させたb糸で縞の部分になる表目を8目編みます。

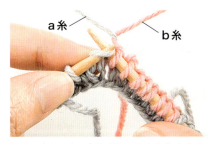

11 次にa糸で編む前に、b糸と休ませていたa糸を交差させます。

12 a糸で端まで表目を編みます。

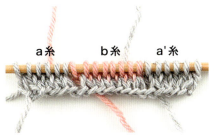

13 3段めまで編んだところです。

14 編み地を返し、a糸でb糸のところまで裏目を編みます。

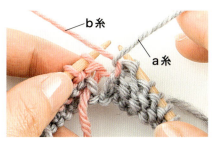

15 b糸に替えるときはa糸とb糸を交差させます。

16 b糸で裏目が1目編めました。

17 b糸の部分を裏目で編みます。

18 b糸とa'糸を交差させます。

19 a'糸で裏目が1目編めました。

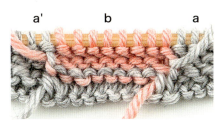

20 4段目まで編み終わりました。

コッ！ 色を替えるときは糸を交差させる

糸を交差させることで、編み地の裏側に縦に糸が渡っていきます。横に糸が渡らないので、太い糸でもごろついた編み地になりません。

糸の色を替える

◎ 連続模様を編む

表
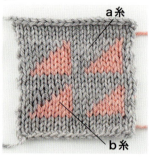
a糸
b糸

裏

糸の色を替える

1 色替えが始まる前の段までa糸で編みます。

2 色を替える前の2目を表目で編みます。

3 これからb糸に替えます。

b糸
（休ませる）
a糸

4 次の目に右針を入れ、b糸をかけて引き出し、表目を編みます。

5 続けてb糸で表目を5目編みます。

6 休ませていたa糸の上にb糸をのせて、次に編むところまで持っていきます。

7 渡してきたa糸で表目を2目編みます。a糸の上にb糸をのせます。

8 b糸で表目を1目編みます。

9 b糸で残りの表目を5目編みます。

10 休ませていたa糸の上にb糸をのせ、a糸で表目を2目編みます。

11 a糸2目、b糸6目、a糸2目、b糸6目、a糸2目が編めました。

12 11を裏側から見ると写真のように糸が渡っています。

13 編み地を返し、a糸とb糸を交差させ、a糸で端の目から編んでいきます。

14 a糸で裏目を3目編みます。

15 a糸の上にb糸をのせます。

16 b糸で裏目を5目編み、a糸を左へ渡します。

17 a糸の上にb糸をのせます。

18 a糸で裏目を3目編みます。

19 a糸の上にb糸をのせます。

20 b糸で裏目を5目編みます。

21 a糸の上にb糸をのせます。

22 a糸で裏目を2目編みます。

糸の色を替える

23 編み地を返し、a糸の上にb糸をのせます。

24 a糸で表目を1目編みます。

25 a糸で表目をもう1目編み、a糸の上にb糸をのせます。

26 b糸で表目を4目編みます。

27 a糸の上にb糸をのせます。

28 a糸で表目を4目編みます。

29 a糸の上にb糸をのせます。

30 b糸で表目を4目編みます。

31 a糸の上にb糸をのせます。a糸で表目を4目編みます。

32 表：a糸2目、b糸4目、a糸4目、b糸4目、a糸4目が編めました。
裏：左の編み地を裏側から見ると、写真のように糸が渡っています。

◎ ダイヤ柄を編む

表　　　　　　　　　裏

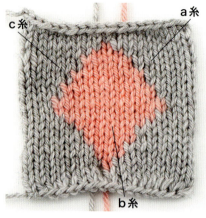

糸の色を替える

1 色を替える手前までa糸で編みます。

2 次の目に右針を入れ、b糸をかけて引き出します。

3 c糸とb糸を交差させ、b糸を上に引き上げます。新しい玉のc糸で次の目を編みます。

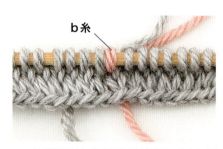

4 交差している糸は、裏側で写真のようになっています。

5 c糸で端まで編みます。

6 この段ではb糸の編み目が写真のように編めました。

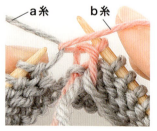

7 編み地を返し、色替えの手前までc糸で編みます。

8 b糸を下の段から引き上げ、c糸と交差させます。

9 引き上げたb糸で1目編みます。

10 休ませていたa糸とb糸を交差させます。

11 a糸で端まで編みます。

12 この段までを裏側から見たところです。

13 編み地を返し、a糸で色替えの手前まで編みます。

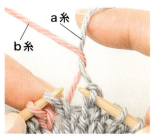
14 a糸とb糸を交差します。

15 b糸で3目編みます。

16 b糸とc糸を交差させます。

17 c糸で左端まで編み、編み地を返して、色替えの手前までc糸で編みます。

18 c糸とb糸を交差させ、b糸で3目編みます。

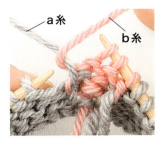
19 b糸とa糸を交差させ、a糸で端まで編みます。

20 この段までを裏側から見たところです。

21 b糸の模様が最大幅になる段までを、表側、裏側から見たところです。

22 以降も糸を替える前に交差させます。

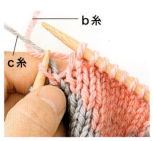
23 糸を替える前に交差させていくことで、縦に糸が渡っていきます。

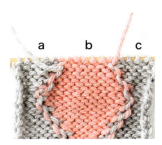

糸の色を替える

Study

 途中で目を落としたら 編んでいる途中でうっかり目を落とし、あとで気づいたとき、編み直さなくても修復できます。

鎖編みを編む

1 目を落としてから3段後に気づきました。○印が落とした目です。

2 落とした目の真上で棒針にかかっている目を左右に分けます。

3 落とした目にかぎ針を入れます。

4 落とした目のすぐ上の渡り糸(シンカーループ・P.40参照)に針を入れます。

5 4の渡り糸をかぎ針ですくいます。

6 すくった糸を引き出します。

7 その上の渡り糸も同様にすくいます。

8 すくった糸を引き出します。

9 同様にくり返して、いちばん上の渡り糸まで行います。

10 いちばん上の渡り糸を引き出したところです。

11 かぎ針にとった目を棒針に移します。

12 落とした目が修復できました。

目が減っている

目を落としてしまったりして1目減っていることに気づいた場合、編み地をすべてほどかずに修復できます。

1 ○のところで目が1目減っています。

2 目が減っているところに段数マーカー*を入れておきます。

3 目が減っているところまで別の棒針に目を移します。

4 最初につけた段数マーカーの左目に別の段数マーカーを入れます。

5 段数マーカーの上の目を針からはずします。

6 段数マーカーの上の目を指でほぐします。

7 左の段数マーカーをはずし、その目にかぎ針を入れ、上の糸をかけて引き抜きます。

8 7をくり返し、上まで修復します。

9 最後にかぎ針にかかった目を棒針に戻します。

10 最初につけた段数マーカーをはずし7と同様に作業します。

11 上まで修復していきます。

12 9と同様にかぎ針にかかった目を棒針に戻して完了です。

Study　SOS！目が減っている

*段数リングでもOKです

編み地をはぐ

目と目、または目と段でつなぎ合わせることを「はぎ」といいます。よく使われるいくつかのケースを覚えておきましょう。

◎ メリヤスはぎ

はいだところが目立たず、伸縮性があります。スヌードの輪や靴下のつま先などに。編み地幅の3〜3.5倍の糸を用意しましょう。

両方の目に針がかかっているとき

1 2枚の編み地をつき合わせて並べ、編み終わりの糸ではいでいきます。

2 手前の編み地の端の目にとじ針を入れます。
＊ここではわかりやすいように、別糸（ピンク）を使用しています。

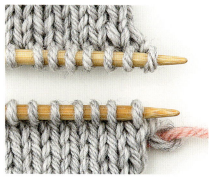

3 とじ針を抜いて糸を引き、目を棒針からはずします。

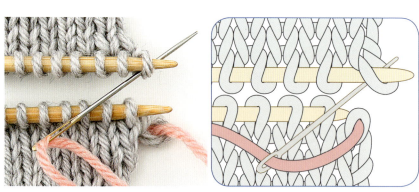

4 向こう側の編み地の端の目に、写真・図のようにとじ針を入れます。

5 とじ針を抜いて糸を引き、目を棒針からはずします。

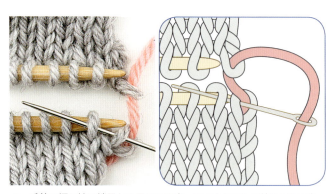

6 手前の編み地の端目と2目めに写真・図のようにとじ針を入れて糸を引きます。とじ針を入れる向きに注意しましょう。

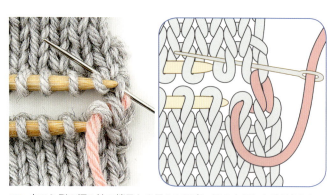

7 向こう側の編み地の端目と2目めに写真・図のようにとじ針を入れて糸を引きます。とじ針を入れる向きに注意しましょう。

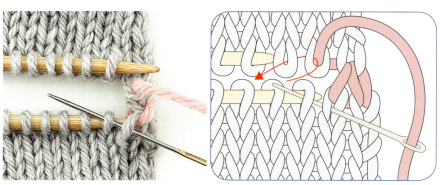

8 手前の編み地の2目めと3目めに写真・図のようにとじ針を入れて糸を引きます。

9 向こう側の編み地の2目めと3目めに8の図の矢印のようにとじ針を入れます。

編み地をはぐ

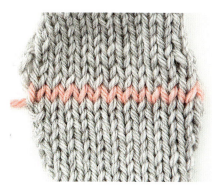

10 9の糸を引いたところ。メリヤス編みのVの字がきれいに見えます。

11 端までくり返し、手前の編み地の端の目にとじ針を入れます。

12 11の糸を抜いたところです。

13 最後に向こう側の編み地の端の目に、表側からとじ針を入れます。

14 13の糸を抜き、2枚の編み地をはぎ終えました。糸端は裏側で糸始末します。

97

片方の目が伏せ止めのとき

1 針に残っている編み地の手前の端目にとじ針を入れます。

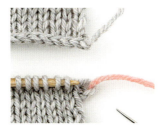

2 糸を引き出します。

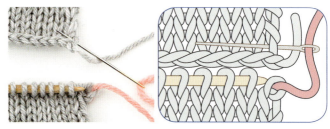

3 伏せ止めをしてある向こう側の編み地の端目に、とじ針を入れます。

4 手前の編み地の端目と2目めに写真・図のようにとじ針を入れて、糸を引きます。

5 4の図の矢印のように向こう側の編み地の2目めをすくってとじ針を入れます。

6 糸を引きます。

7 4、5をくり返して端目の手前までとじます。

8 手前の編み地の端目にとじ針を入れて糸を引きます。

9 向こう側の編み地の端目にとじ針を入れて糸を引きます。

10 2枚の編み地をはぎ終えました。

両方の目が伏せ止めのとき

1 向こう側の編み地の編み終わりの糸ではいでいきます。

2 手前の編み地の端目にとじ針を入れて、糸を引きます。

3 向こう側の編み地の目（Vの字）にとじ針を入れて糸を引きます。

4 手前の編み地の目（ハの字）にとじ針を入れて糸を引きます。

5 向こう側の編み地の目（Vの字）にとじ針を入れて糸を引きます。

6 端までくり返してはいでいきます。

きれいに仕上げるには
はいでいくときに1目ずつ糸を引いていくときれいに仕上がります。

引き方がそろっていない

引き方がきつすぎる

◎ 裏メリヤスはぎ

編み地の表側が裏メリヤス編み同士のときに使う方法です。
メリヤスはぎと同様の場所に使い、同量の糸を用意します。

1 2枚の編み地をつき合わせて並べ、手前の編み地の端目の手前から針を出します。

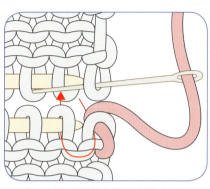

2 向こう側の編み地の端目に図のように針を入れます。

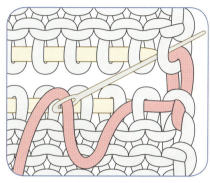

3 糸を引き、手前の編み地の端目と2目めに、図のように針を入れ、向こう側の編み地の端目に針を入れます。

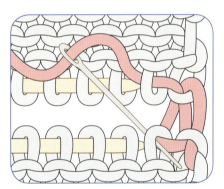

4 糸を引き、向こう側の編み地の2目めに、図の矢印のように針を入れ、手前の編み地の2目めに針を入れます。

5 1目に二度ずつ針を入れながら、同様にくり返していきます。

6 端までくり返し、2枚の編み地をはぎ終えました。

編み地をはぐ

◎ ガーターはぎ

ガーター編みの編み地同士をはぐときに用います。伸縮性があり、はいだところが目立ちません。へちま襟や後ろ身頃の中心ではぐときに。

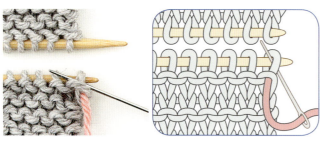

1 編み地幅の3〜3.5倍の糸を用意します。手前の編み地の端目に裏側からとじ針を入れて糸を引きます。

2 向こう側の編み地の端目に表側からとじ針を入れて糸を引き、目を棒針からはずします。

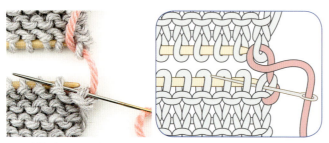

3 手前の編み地の端目と2目めに写真・図のようにとじ針を入れて糸を引き、目を棒針からはずします。

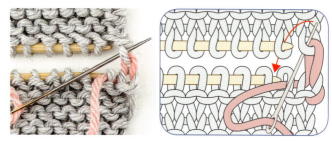

4 向こう側の編み地の端目に裏側からとじ針を入れます。

5 続けて向こう側の編み地の2目めに4の図の矢印のようにとじ針を入れて糸を引きます。

6 2枚の編み地をガーター編みの編み目の形に糸を渡して端目の手前まではいでいきます。

7 手前の編み地の端目にとじ針を入れて糸を引きます。

8 向こう側の編み地の端目に写真のようにとじ針を入れて糸を引きます。

9 ガーター編みの編み地を2枚、はぎ終えました。

◎ かがりはぎ
伏せ止めをしてある編み地同士をはぐときに用います。
とじ糸が外に出ますが、それをデザインに生かして利用することができます。

内側の半目をすくう

1 編み地幅の3〜3.5倍の糸を用意します。手前の編み地の伏せ止めの最初の鎖半目にとじ針を入れて、糸を引きます。

2 向こう側の編み地の鎖半目と手前の編み地の鎖半目に、とじ針を入れて糸を引きます。

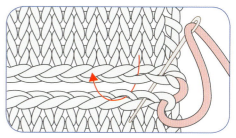

3 続けて、向こう側の編み地の鎖半目と手前の編み地の鎖半目に、とじ針を入れて糸を引きます。

4 糸を引くと、写真のように糸が渡っています。

5 端目まで**3**をくり返します。

6 最後はもう一度、**5**の目にとじ針を入れて糸を引きます。

7 かがりはぎで2枚の編み地をはぎ終えました。

全目をすくう

1 手前の編み地の端目の鎖の頭にとじ針を入れ、糸を引きます。

2 向こう側の編み地の端目の鎖の頭にとじ針を入れて、糸を引きます。

3 **1**、**2**をくり返し、端まではぎます。

4 半目のときと同様に最後の目は二度針を入れます。

編み地をはぐ

◎目と段のはぎ
直線のデザインの袖つけなど、薄くすっきりと仕上がります。
目数より段数のほうが多いので、事前に計算してから始めましょう。

編み地をはぐ

1 とじる長さの3〜3.5倍の糸を用意します。メリヤス編みの編み地の目と段をはいでいきます。

2 向こう側の編み地の1目めと2目めの間のシンカーループ（P.40参照）にとじ針を入れて糸を引きます。

3 手前の編み地の端目と2目めにとじ針を入れて、糸を引きます。

4 向こう側の編み地のシンカーループを2段分すくってとじ針を入れます。

5 糸を引きます。

6 手前の編み地の2目をすくってとじ針を入れます。

7 糸を引きます。

8 向こう側の編み地のシンカーループを2段分すくって、とじ針を入れます。

9 糸を引きます。

10 4〜7をくり返して、手前の編み地の端まではぎました。糸をゆるめに引くと、1段編んだようになり（写真左）、糸をきつめに引くと、糸が目立たなくなります（写真右）。

102

◎ 引き抜きはぎ

セーターの肩などに使われる方法です。かぎ針で比較的簡単にできます。編み地幅の6〜7倍の長さの糸が必要です。

1 2枚の編み地を中表に合わせ、かぎ針を持ちます。

2 最初の目に手前から向こう側へかぎ針を入れます。

3 かぎ針に糸をかけます。

4 糸を引き出します。

5 2目めからも同様にくり返し、端まではぎます。

6 糸を切り、ループに通します。

7 糸端を引きます。

上級編 ◎ かぶせはぎ

難しい方法ですが、引き抜きはぎよりも糸が目立たず、きれいに仕上がります。デリケートな編み地に。編み地幅の5〜7倍の長さの糸が必要です。

1 2枚の編み地を中表に合わせ、手前の端目に右針を入れ、棒針からはずします。

2 向こう側の端目に右針を入れます。

3 2の目を棒針からはずします。

4 左針を使って1の目を2の目にかぶせるようにして引き出します。

5 1〜4を端までくり返し、1本の棒針に目を移します。

6 初めの目に戻り、糸をつけて引き出します。

7 表目を2目編みます。

8 左針を使って1目めを2目めにかぶせます。

9 表目を編んでは前の目をかぶせることを端までくり返し、糸を切ってループから引き抜きます。

> ### かぎ針を使う方法
> かぎ針を使うときは、手前の編み地の目から向こう側の編み地の目を1目ずつ引き出し、さらに糸を引き抜いていきます。左の9と同じ目になります。

編み地をはぐ

編み地をとじる

編み地の段と段をつなぎ合わせることを「とじ」といいます。どちらの編み地も表側を見てとじます。

◎ すくいとじ

もっともポピュラーなとじ方できれいに仕上がります。糸の引き具合に注意を。セーターのわきや袖下などに。とじる長さの約2倍の糸が必要です。

メリヤス編み（1目内側をすくう方法）

1 右側の編み地の作り目の端糸でとじます。

2 左側の編み地の作り目の糸をすくって、とじ針を入れます。

3 糸を引き、右の編み地の作り目の糸にとじ針を入れます。

4 糸を引き、左側の編み地の2段めのシンカーループ（P.40参照）をすくいます。

5 糸を引き、4の図の矢印のように右側の編み地のシンカーループをすくいます。

6 糸を引きます。

7 4〜6をくり返し、とじていきます。

8 とじながらきつめに糸を引くと、とじ糸が見えなくなります。

9 上端までくり返し、最後の右の編み地のシンカーループをすくいます。

10 糸を引き、左側の編み地の同じ場所に、もう一度針を入れます。編み地の裏側に針を出して糸を引きます。

11 2枚の編み地がすくいとじでつながりました。

裏メリヤス編み

1 右の編み地の作り目の端糸でとじます。左側の編み地の作り目の2本をすくいます。

2 糸を引き、右側の編み地の作り目の2本をすくいます。

3 糸を引きます。

4 次からは1目内側のシンカーループ（P.40参照）をすくいます。

5 糸を引きます。

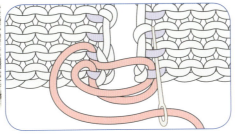

6 右側の編み地も、1目内側のシンカーループをすくいます。

7 糸を引きます。

8 左側の編み地の次の段のシンカーループをすくいます。

9 糸を引きます。

10 上端までくり返し、最後は右側の編み地の同じ場所にもう一度針を入れます。編み地の裏側に針を出して糸を引きます。2枚の編み地がすくいとじでつながりました。

ガーター編み

1 右の編み地の作り目の端糸でとじます。左の編み地の作り目の糸2本をすくって、とじ針を入れます。

2 糸を引き、右側の編み地の作り目の2本をすくって、とじ針を入れます。

3 糸を引き、左側の編み地のガーター目の下向きの目（シンカーループ）をすくってとじ針を入れます。

4 糸を引きます。

5 右側の編み地のガーター目の上向きの目（ニードルループ・P.41参照）をすくって針を入れます。

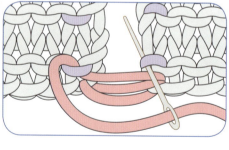

6 糸を引きます。

7 3〜6をくり返して、上へとじ進めていきます。

8 同様に、上端までとじます。

9 最後は、左側の編み地の同じ場所にもう一度針を入れて糸を向こう側に出します。

10 2枚の編み地がすくいとじでつながりました。

ねじり増し目があるときのとじ方

編み地の途中にねじり増し目があるときは、
左右の編み地で増し目の位置がずれないように気をつけましょう。

1 ねじり増し目の手前までとじます。

2 左側の編み地のねじり目の中にとじ針を入れ、糸を引きます。

3 右側の編み地のねじり目の中に針を入れます。

4 糸を引きます。

5 次からは1までと同様、シンカーループをすくって針を入れます。

6 右側の編み地も同様にシンカーループをすくって、とじ針を入れます。

7 1〜6をくり返して上端までとじ、2枚の編み地がつながりました。

減らし目があるときのとじ方

編み地の途中に減らし目があるときは、
減らし目の目が重なっている中から針を出して半目ずらしてとじていきます。

1 減らし目の手前までとじます。

2 左側の編み地の減らし目の目が重なっている中からとじ針を出し、糸を引きます。

3 右側の編み地も2と同様にとじ針を出します。

4 糸を引きます。

5 次からは1までと同様にシンカーループをすくって、とじ針を入れます。

6 右側の編み地も同様にシンカーループをすくって、とじ針を入れます。

7 1〜6をくり返して上端までとじ、2枚の編み地がつながりました。

編み地をとじる

1目ゴム編み（編み始め側からとじるとき）

1 右の編み地の作り目の端糸でとじます。左の編み地の作り目をすくいます。

2 右の編み地の作り目をすくいます。

3 糸を引き、左の編み地の2段めのシンカーループをすくいます。

4 右の編み地の2段めのシンカーループをすくいます。

5 3、4をくり返して上へと進めます。

6 同様に上端までとじます。

7 最後は同じ目にもう一度針を入れてとじます。2枚の編み地がすくいとじでつながりました。

1目ゴム編み（編み終わり側からとじるとき）

1 左の編み地の編み終わりの端糸でとじます。右の編み地の1目内側のゴム編み止めのシンカーループをすくいます。

2 左の編み地の1目内側のゴム編み止めのシンカーループをすくい、糸を引きます。

3 右の編み地の前段のシンカーループをすくいます。

4 左の編み地の前段のシンカーループをすくいます。

5 3、4をくり返して編み始め側へととじ進めます。

6 数段ずつとじ糸を強く引くと、とじ糸が目立ちません。

7 上端までとじ、最後は同じ目にもう一度針を入れてとじます。2枚の編み地がすくいとじでつながりました。

2目ゴム編み（編み始め側からとじるとき）

1 右の編み地の作り目の端糸でとじます。左の編み地の作り目をすくいます。

2 右の編み地の作り目をすくいます。

3 糸を引き、左の編み地の2段めのシンカーループをすくいます。

4 右の編み地の2段めのシンカーループをすくいます。

5 3、4をくり返して上へととじ進めます。

6 同様に上端までとじます。

7 最後は同じ目にもう一度針を入れてとじます。2枚の編み地がすくいとじでつながりました。

2目ゴム編み（編み終わり側からとじるとき）

1 左の編み地の編み終わりの端糸でとじます。右の編み地の1目内側のゴム編み止めのシンカーループをすくい、糸を引きます。

2 左の編み地の1目内側のゴム編み止めのシンカーループをすくいます。

3 右の編み地の前段のシンカーループをすくいます。

4 左の編み地の前段のシンカーループをすくいます。

5 3、4をくり返して上端までとじ、最後は同じ目にもう一度針を入れてとじます。

6 2枚の編み地がすくいとじでつながりました。

編み地をとじる

◎ 返し縫いとじ

返し縫いの要領でとじる方法で、とじしろが薄く仕上がります。とじる長さの約3～3.5倍の糸が必要です。

1 2枚の編み地を中表に合わせ、端の目に手前から向こう側に向けてとじ針を入れます。

2 2段先に、向こう側から手前にとじ針を入れます。

3 糸を引き、1段戻って手前から向こう側に向けて、とじ針を入れます。

4 糸を引き、2をくり返します。

5 3をくり返します。

6 糸を引きます。ソーイングの返し縫いと同様の目が並びます。

7 2、3をくり返し、端までとじます。

8 7を裏側から見たところです。

◎ 引き抜きとじ

かぎ針を使って引き抜き編みをしながらとじる方法で、簡単に早くできます。とじる長さの5～7倍の糸が必要です。セーターの袖つけなどに。

1 2枚の編み地を中表に合わせ、1目内側の端の目に、手前からかぎ針を入れます。

2 かぎ針にとじ糸をかけ、矢印のように引き出します。

3 とじ糸がかぎ針にかかりました。

4 かぎ針に糸をかけ、矢印のように引き抜きます。

5 引き抜いたところです。

6 次の段に手前からかぎ針を入れ、糸をかけて矢印のように引き抜きます。

7 引き抜いたところです。

8 6、7をくり返し、端までとじていきます。

◎ まつりとじ
編み地の表側にひびかないようにとじることができます。
とじる長さの約3倍の糸が必要です。セーター、スカートのすそ、袖口などに。

1 編み地を折り返し、まち針でとめ、とじ糸をつけます。

2 ソーイングのまつり縫いのように、向こう側の編み地の目と手前の半目をすくって、とじ針を入れます。

3 糸を引きます。

4 2をくり返します。

5 糸を引きます。

6 2、3をくり返して端までとじます。

7 表側からは、とじ糸は見えません。

ゴム編みからメリヤス編みに移るときのとじ方

セーターの袖口から袖下へとじるときなどの方法です。
1段ずつ糸を引きしめながらとじていきましょう。

1 メリヤス編みに変わる直前まで、1目ゴム編み部分をとじます。

2 メリヤス編みに移ると、編み目の方向が上下で逆になります。そのため、半目ずつずれた位置を拾ってとじていきます。

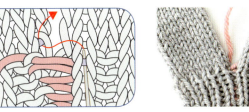

3 ここでは編み地の半目右側でメリヤス編みのすくいとじ（P.104参照）をします。

4 右側の編み地の端から半目右側のシンカーループをすくいます。

5 糸を引いたところです。

6 左側の編み地にも同様に針を入れて糸を引き、とじ進めていきます。

Study

SOS! 目がはずれてしまった！

編み目が棒針から数目はずれてしまっても
落ち着いて1目ずつ修復していきましょう。

1 棒針から写真のように目がはずれてしまいました。

2 はずれた目すべてに段数リング（または段数マーカー）を入れます。

3 いちばん左の目の段数リングをとり、その目にかぎ針を入れます。

4 そのまま目を引き上げて左針に入れます。

5 棒針（左針）に戻したところです。

6 3～5をくり返し、1目ずつ棒針（左針）に戻していきます。

7 はずれた目をすべて棒針に戻すことができました。

SOS! 針をはずして元に戻すには？

棒針にかかっていた目が抜けてしまったり編み直すためにほどいたら
目の向きに注意して戻しましょう。

1 編み地から棒針をはずした状態です。

2 ループの左側が奥になるように1目ずつ棒針に戻していきます。

3 3目戻したところです。

4 すべての目を戻したところです。

入れ方を間違うと

目を誤った向きで針に戻してしまったものです。

左の目に続けて編んだもの。誤った向きの目がねじれているのがわかります。

4

飾りと仕上げで
もっとかわいく！
美しく！

ここで学ぶこと

- ボタンホールの作り方
- ボタンのつけ方
- ポンポン、フリンジ、タッセルの作り方
- 刺しゅうの仕方
- アイロン仕上げの仕方

ボタンホールを作る
ソーイングでは少し手間がかかるボタンホールも、棒針編みなら、編みながら作れます。

◎ 1目のボタンホール
編み目1目分の丸く、小さなボタンホールです。編みながら作っていきます。

1 ボタンホールを作る手前まで編みます。

2 かけ目をします。

3 次の2目に一度に針を入れて表目を編みます。

4 かけ目と左上2目一度ができました。

5 かけ目と2目一度をしたところは、写真のように穴があきます。

6 次段では、前段で2目一度をした目は裏目で、かけ目をした目は表目で編みます。

7 次の目を数目編んだところ。

8 さらに2段編んだところ。写真のような穴になります。

◎ 無理穴のボタンホール
編み地を編み終えてからでも、ボタンホールをあけることがあります。とじ針にかがり糸を通して始めます。

1 穴をあけたいところの目をとじ針で広げます。

2 穴の下の横糸2本をとじ針ですくいます。

3 糸を引きます。

4 右わきの糸2本をすくいます。

5 とじ針に糸をかけます。

6 とじ針を抜いて糸を引きます。

7 4〜6をくり返し、穴のまわりをかがっていきます。

8 最後は最初の糸をすくって、編み地の裏にとじ針を出します。

9 裏側の目に通して、表側にひびかないように糸始末をします。

10 無理穴のボタンホールができました。

ボタンをつける

やわらかいニット地にボタンをつけるときは力（ちから）ボタンを使うとしっかりとめられます。

1 ボタンつけ用の糸を2本どりにし、力ボタンの2つの穴に裏側から入れ、裏側に出します。

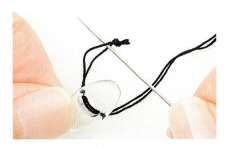

2 糸の輪になった部分に針を入れます。

3 糸を引きます。

4 ボタンつけ位置の編み地の裏側の糸をすくって、力ボタンをつけます。

5 針を編み地の表に出し、ボタンの穴に通します。

6 針で編み地の糸をすくってボタンをつけます。

7 ボタンと編み地の間の糸足に2、3回、糸を巻きつけます。

8 針を裏側に出します。

9 玉どめをしてから、もう一度編み地をすくって表側に出します。

10 編み地の際で糸を切ります。

11 ボタンがつきました。

力ボタンが便利です

ニット地は目が粗く、糸をとめにくいので、力ボタンを使うとよいでしょう。ニット用のもの（右）もあります。

ポンポンを作る

帽子のトップや小物の飾りに使われるポンポン。密度の高いものにしたいときは、台紙に巻く回数を多くします。

※わかりやすいように黒糸で結んでいますが、本体に近い色の糸で結ぶとよいでしょう。

1 でき上がりサイズの直径よりやや大きめの台紙を用意し、中央に切り込みを入れます。

2 台紙に糸を巻きつけます。写真は100回巻いたもの。

3 木綿糸を2回巻き、かたくしめて結びます。

4 巻いた糸を台紙からはずします。

5 両端の輪をはさみで切ります。

6 切ったところです。

7 球形になるよう、糸端をきれいに切りそろえます。

8 ポンポンができました。

フリンジを作る

マフラーなどに使われることが多い飾りです。かぎ針を使ってつけます。

1 でき上がりの長さの2倍強の糸を用意します。

2 フリンジ用の糸束を二つ折りにします。

3 フリンジをつける位置にかぎ針を入れ、針に糸をかけます。

4 糸を引き出します。

5 引き出した輪に糸束をくぐらせます。

6 糸束を引いて、結び目を引きしめます。

7 フリンジをすべてつけて、長さを切りそろえます。

8 編み地の先にフリンジがつきました。

タッセルを作る

手軽にできてかわいい房状の飾りです。
でき上がりサイズよりやや大きめの台紙を使います。

1 台紙の上に木綿糸を置いて、タッセル用の糸を巻きます。

2 台紙に糸を必要回数巻きます。ここでは50回巻きます。

3 木綿糸で巻いた糸をきつく結びます。

4 台紙から巻いた糸をはずします。

5 上から1cmくらいのところを共糸で結びます。

6 5にもう1回糸を巻き、きつく結びます。

7 結んだ共糸にとじ針を通し、針先を写真の位置に入れます。

8 7の糸端はタッセルの中に入れます。

9 下側の輪をはさみで切ります。

10 切ったところです。

11 長さを切りそろえます。

12 タッセルができました。

タッセルをつくる

割り糸の作り方

糸の撚りをほどいて作ります。
ニット地にボタンをつけるときなどにちょうどよい太さ、強度です。

1 糸を用意します。

2 糸を2つに割ります。

3 くるくるとねじって引っ張ります。

4 3をゆるめます。徐々に撚りがほぐれてきます。

5 割れた部分の根元を押さえます。

6 片方の糸を引きます。

7 糸が2本に分かれました。

8 きれいに伸ばし、強度を増すためにスチームをかけます。

刺しゅうをする

ちょっとした模様のときは編み込みをせずに刺しゅうで簡単に。チェーンステッチの要領で刺しゅうします。

横に進む

1 刺しゅうをする目の下から糸を出し、上の段の目の根元に針を入れます。

2 糸を引きます。

3 1で出したところに入れ、左の目から針を出します。

4 糸を引きます。メリヤスの目の形になりました。

5 1つ上の段の目の根元に針を入れます。

6 同様にくり返すと刺しゅうした目が横に並びます。

縦に進む

7 刺しゅうをする目の下から糸を出し、上の段の目の根元に針を入れます。

8 糸を引きます。

9 7で糸を出したところに再度針を入れ、ニードルループをすくい上の目から針を出します。

10 糸を引きます。

11 1つ上の段の目の根元に針を入れます。

12 下の目のニードルループをすくい、針を入れます。

斜めに進む

13 同様にくり返すと、刺しゅうした目が縦に並びます。

14 横、縦に進む場合と同様に針を出し入れします。

15 1〜3と同じようにし、左斜め上の目から針を出して糸を引きます。

16 1をくり返します。

17 2、3をくり返し、左斜め上の目から針を出して糸を引きます。

18 1〜4をくり返します。

19 左斜め上に刺しゅうをした目が並びました

20 3で左斜め下に針を入れると、写真のようになります。

仕上げをする

編み上がった編み地は形がゆがみやすいので、アイロンのスチームを当てて形を整えて仕上げるとよいでしょう。

◎ アイロンをかける

1 アイロンは編み地の裏側からかけます。

2 まず、四隅にまち針またはフォークピン（P.18参照）を打ちます。

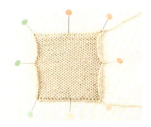

3 2のまち針の中間にさらにまち針を打ちます。

4 3の中間にまち針を打ちます。

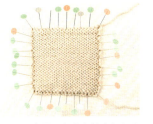

5 4の中間にもまち針を打ちます。針の数が多いほど、正しい形に押さえることができます。

6 アイロンのスチームを当てます。端が平らになるまで続けます。

7 完全に乾いたらまち針をはずします。正しい形が保持されています。

アイロンの洗濯表示マークに注意しよう！

＊平成28年12月1日から新JIS規格になりました。

何回か使用して洗濯をする場合は、糸のラベルに記載されている洗濯マークの指示に従います。
作品を作るときはラベルはすぐに捨てず、大切に保管しておきましょう。

底面温度200℃（高温）を限度としてアイロン仕上げができます。

底面温度150℃（中温）を限度としてアイロン仕上げができます。

底面温度110℃（低温）を限度としてアイロン仕上げができます。

アイロン仕上げをしてはいけません。

洗濯をするときに確かめたいマーク

糸のラベルには洗濯方法も示されています。確かめてから洗濯をしましょう。

液温は30℃を限度とし、洗濯機洗い、手洗いができます。

液温は40℃を限度とし、手洗いができます。

石油系溶剤によるドライクリーニングができます。

塩素系および酸素系漂白剤の使用はできません。

自然乾燥をさせるときは、日陰の平干しがおすすめです。

Study

ゲージについて知っておこう

作品を予定のサイズどおりに仕上げるため、基準となる編み目の大きさを調べましょう。

ゲージとは

同じ編み図で編むときに、きつめに編みがちな人は実際のサイズより小さく、ゆるめに編みがちな人は実際のサイズより大きく仕上がります。同じ編み図を見て、みなが同じサイズに仕上げられるよう、基準となる編み目の大きさ「ゲージ」が示されています。一般的には、10cm×10cmの中に何目何段あるかが示されますので、作品を編み始める前に、自分で編んだ編み地が10cm四方の中に何目何段あるか調べてみましょう。定規を当てて測ってもよいですが、写真のようなゲージ専用のスケールがあれば一目瞭然です。

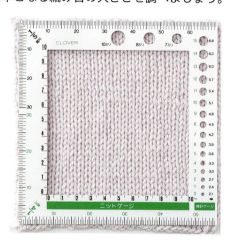

模様編みの測り方　例1

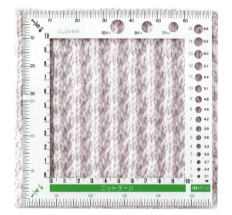

まず、縦10cmの中に編み目が何段あるかを数えます。

目数は1模様が何目かを編み図と照合し、模様の数を数えます。ここでは中央に入っている表目のラインを基準にして模様の数を数えました。

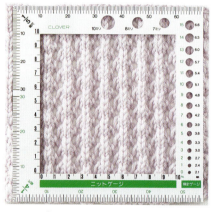

ここでは表目のラインの左隣を基準にして模様の数を数えています。このようにどこかに基準を設けて数えやすい方法で測ってみましょう。

模様編みの測り方　例2

縄編みが縦に数本入っている編み地のゲージを測ってみましょう。

目数は上の例と同様に数えますが、縄編みが入っているため、段数を数えるのが難しいケースです。

そんなときは編み地を返し、段数マーカーをつけながら段数を数えてみるとよいでしょう。

編み目記号大事典

ここで学ぶこと

- **基本の編み目** ● 表目／裏目
- **減らし目** ● 右上2目一度／右上2目一度(裏目)／
  左上2目一度／左上2目一度(裏目)／
  右上3目一度／右上3目一度(裏目)／
  左上3目一度／左上3目一度(裏目)／
  中上3目一度／中上3目一度(裏目)
- **増し目** ● 右増し目／右増し目(裏目)／左増し目／左増し目(裏目)／
  編み出し増し目(表目3目)／巻き目
- **交差編み** ● 右上1目交差／右上1目交差(下が裏目)／左上1目交差／
  左上1目交差(下が裏目)／右上2目交差／左上2目交差／
  右目を通す交差／左目を通す交差
- **その他** ● かけ目／かぶせ目(右)／かぶせ目(左)／
  ドライブ編み(2回巻き)／
  引き上げ編み(3段の場合)／
  引き上げ編み(3段／裏目の場合)／
  ねじり目／ねじり目(裏目)／
  すべり目／すべり目(裏目)／
  浮き目／浮き目(裏目)／
  ボッブル編み(3目3段・中上3目一度)

表目

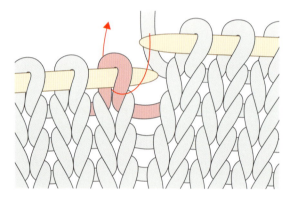

1 糸を編み地の向こう側に出し、右針を矢印のように手前から入れます。

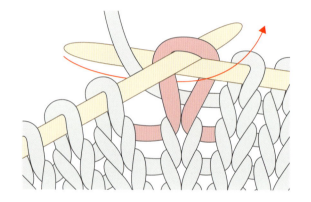

2 右針に糸をかけ、矢印のように糸を引き出します。

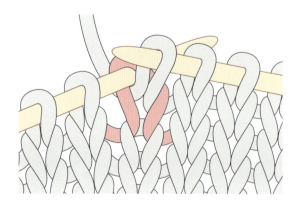

3 糸を引き出したら、左針を抜きます。

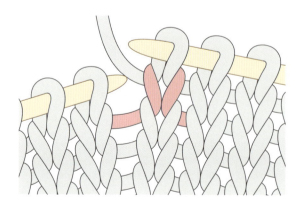

4 表目が編めました。

裏目

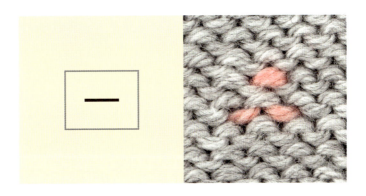

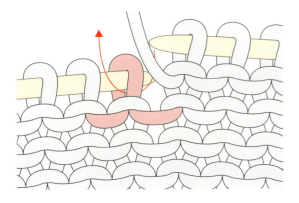

1 糸を編み地の手前側にし、右針を矢印のように向こう側から入れます。

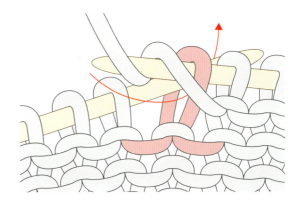

2 右針に糸をかけ、矢印のように糸を引き出します。

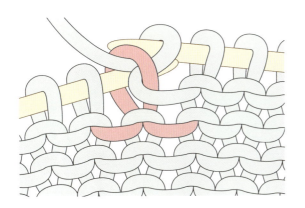

3 糸を引き出したら、左針を抜きます。

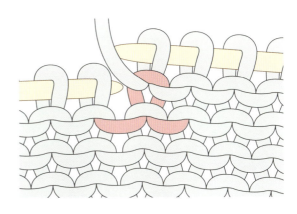

4 裏目が編めました。

右上2目一度

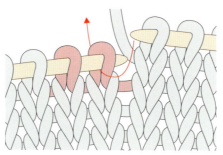

1 糸を編み地の向こう側に出し、右針を手前から矢印のように入れ、編まずに右針へ移します。

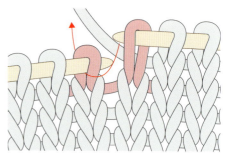

2 次の目に矢印のように右針を入れます。

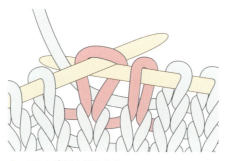

3 ここに表目を編みます。

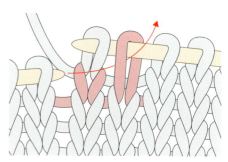

4 1で右針に移した目に、矢印のように左針を入れます。

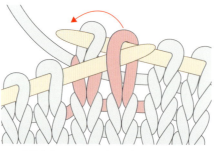

5 左針を使って、3で編んだ目にかぶせます。

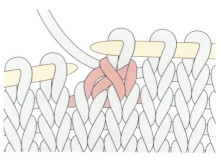

6 右上2目一度が編めました。

右上2目一度(裏目)

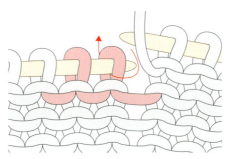

1 糸を編み地の手前にし、右針を手前から矢印のように入れ、編まずに右針へ移します。

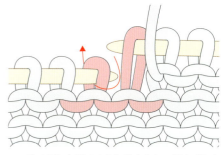

2 次の目に矢印のように針を入れ、編まずに右針へ移します。

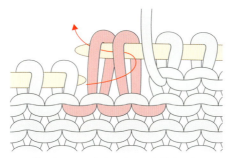

3 移した2目に矢印のように左針を入れると、2目の順番が入れ替わります。

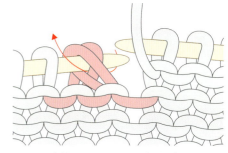

4 3で左針に戻した2目に右針を矢印のように入れます。

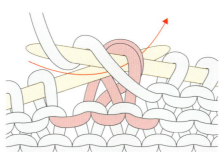

5 2目一緒に裏目を編みます。

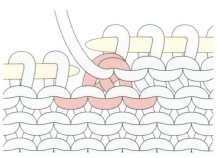

6 裏目の右上2目一度が編めました。

左上2目一度

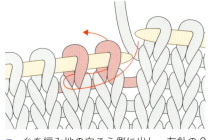

1 糸を編み地の向こう側に出し、左針の2目に矢印のように右針を入れます。

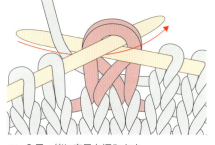

2 2目一緒に表目を編みます。

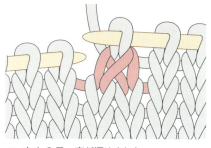

3 左上2目一度が編めました。

左上2目一度（裏目）

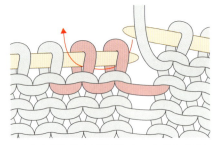

1 糸を編み地の手前側にし、左針の2目に矢印のように右針を入れます。

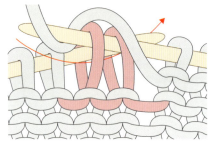

2 2目一緒に裏目を編みます。

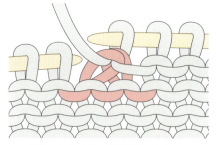

3 裏目の左上2目一度が編めました。

右上3目一度

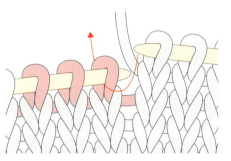

1 糸を編み地の向こう側に出し、右針を手前から矢印のように入れ、編まずに右針へ移します。

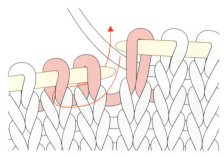

2 左針の2目に矢印のように右針を入れます。

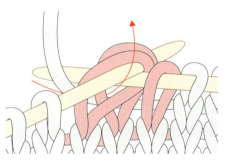

3 2目一緒に表目を編みます。

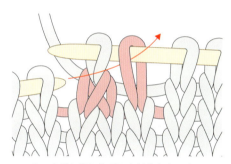

4 1で右針に移した目に左針を矢印のように入れます。

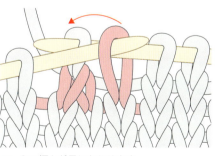

5 3で編んだ目にかぶせます。

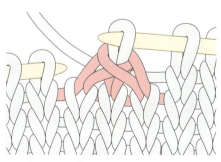

6 右上3目一度が編めました。

右上3目一度（裏目）

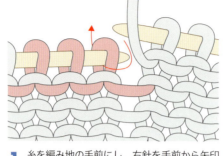

1 糸を編み地の手前にし、右針を手前から矢印のように入れ、編まずに右針へ移します。

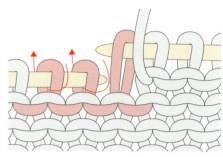

2 次の2目もそれぞれ1と同様に右針へ移します。

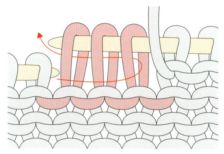

3 右針へ移した3目に左針を矢印のように一度に入れて左針に戻し、目の順番を入れ替えます。

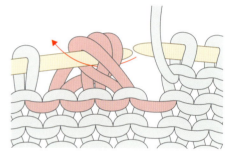

4 右針を矢印のように入れます。

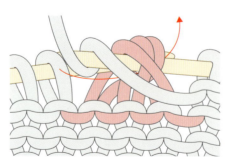

5 右針に糸をかけ、3目一緒に裏目を編みます。

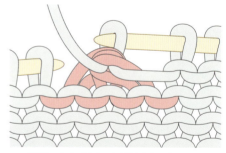

6 裏目の右上3目一度が編めました。

左上3目一度

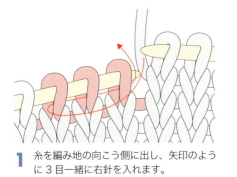
1 糸を編み地の向こう側に出し、矢印のように3目一緒に右針を入れます。

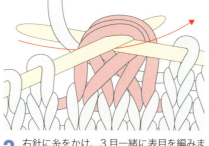
2 右針に糸をかけ、3目一緒に表目を編みます。

3 左上3目一度が編めました。

左上3目一度（裏目）

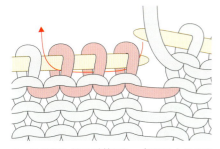
1 糸を編み地の手前にし、矢印のように3目一緒に右針を入れます。

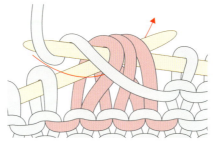
2 右針に糸をかけ、3目一緒に裏目を編みます。

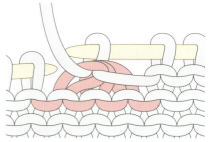
3 裏目の左上3目一度が編めました。

129

中上3目一度

中上3目一度

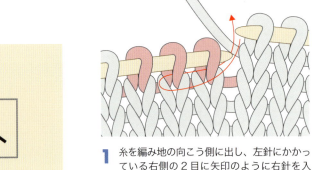

1 糸を編み地の向こう側に出し、左針にかかっている右側の2目に矢印のように右針を入れ、編まずに右針へ移します。

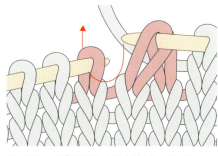

2 3目めに矢印のように右針を入れます。

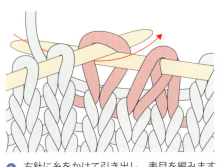

3 右針に糸をかけて引き出し、表目を編みます。

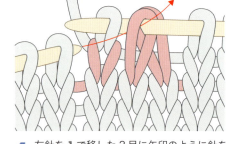

4 左針を1で移した2目に矢印のように針を入れます。

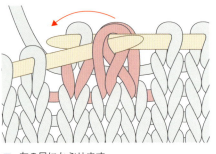

5 左の目にかぶせます。

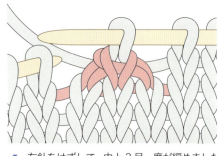

6 左針をはずして、中上3目一度が編めました。

中上3目一度（裏目）

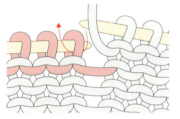

1 糸を編み地の手前にし、矢印のように向こう側から右針を入れます。

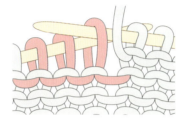

2 編まずに右針に移します。

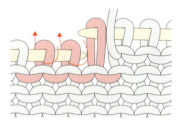

3 次の2目にもそれぞれ矢印のように手前から右針を入れます。

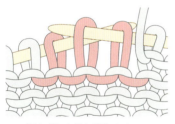

4 編まずに右針に移します。

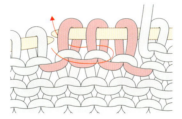

5 左針を矢印のように入れ、左針に移します。

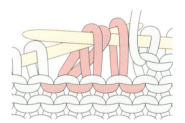

6 5で残した目に左針を入れて左針に移します。右針を3目一緒に入れます。

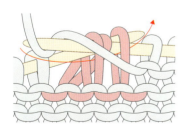

7 右針に糸をかけ、3目一緒に裏目を編みます。

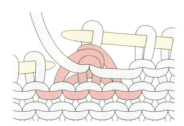

8 裏目の中上3目一度が編めました。

右増し目 ■ 右増し目（裏目）

右増し目

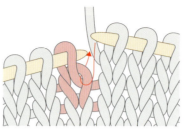

1 糸を編み地の向こう側に出し、左針の端にかかっている目の下の目に、矢印のように右針を入れます。

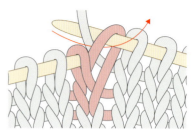

2 右針で 1 の目を引き上げ、右針に糸をかけ、矢印のように糸を引き出します。

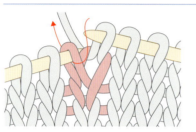

3 左針の目に、矢印のように右針を入れ、表目を編みます。

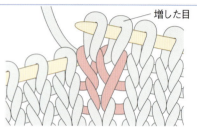

4 右増し目が編めました。

右増し目（裏目）

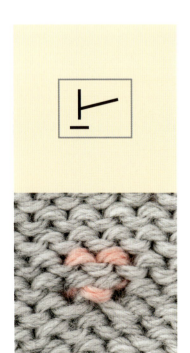

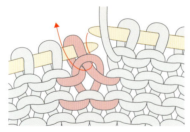

1 糸を編み地の手前にし、左針の端にかかっている目の下の目に、矢印のように右針を入れます。

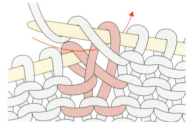

2 右針で 1 の目を引き上げ、右針に糸をかけ、矢印のように糸を引き出します。

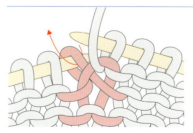

3 左針の目に、矢印のように右針を入れ、裏目を編みます。

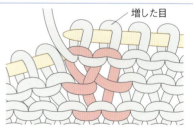

4 裏目の右増し目が編めました。

左増し目

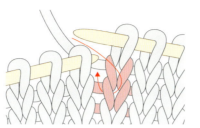

1 糸を編み地の向こう側に出し、表目を1目編み、編んだ目の下の目に矢印のように右針を入れます。

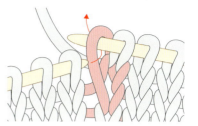

2 右針で1の目を引き上げ、左針を矢印のように入れて左針に移します。

3 表目を編みます。

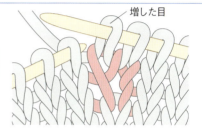

増した目

4 左増し目が編めました。

左増し目（裏目）

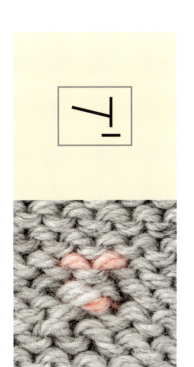

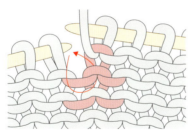

1 糸を編み地の手前にし、裏目を1目編み、編んだ目の下の目に矢印のように左針を入れます。

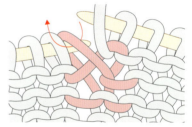

2 左針で1の目を引き上げ、右針を矢印のように入れます。

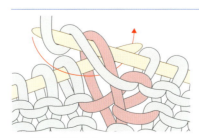

3 裏目を編みます。

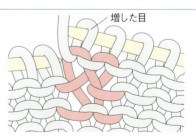

増した目

4 裏目の左増し目が編めました。

編み出し増し目（表目3目） ■ 巻き目

編み出し増し目（表目3目）

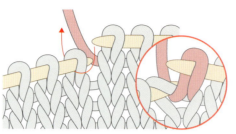

1 表目を編みます。このとき、左針から目ははずさずにそのままにしておきます。

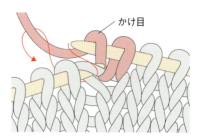

2 右針に糸をかけてかけ目をし、1と同じ目に右針を入れて表目を編み、左針を抜きます。

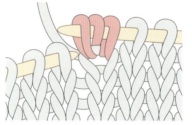

3 表目3目の編み出し増し目が編めました。

巻き目

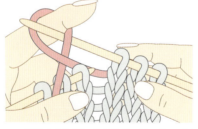

1 左の人さし指に糸を巻きつけ、ループの中に向こう側から右針を入れます。

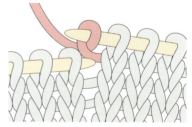

2 左の人さし指を抜いて、巻き目ができました。

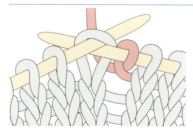

3 次の目を表目で編みます。

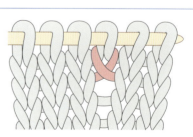

4 巻き目をした次の段まで編んだところです。

右上1目交差

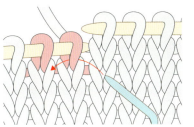

1 左針の端の目に、縄編み針を矢印のように入れ、手前で休ませておきます。

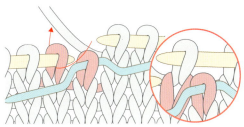

2 次の目に矢印のように右針を入れて、表目を編みます。

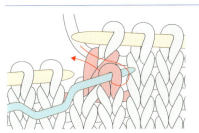

3 縄編み針に休ませておいた目に、矢印のように右針を入れて、表目を編みます。

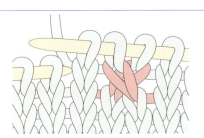

4 右上1目交差を編み終え、次の表目を編んだところです。

右上1目交差（下が裏目）

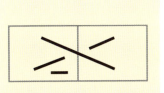

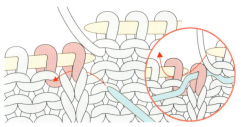

1 左針の端の目に、縄編み針を矢印のように入れ、手前で休ませておき、次の目に矢印のように右針を入れて裏目を編みます。

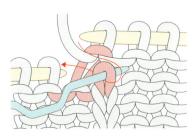

2 縄編み針に休ませておいた目に矢印のように右針を入れます。

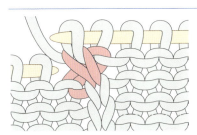

3 下が裏目の右上1目交差が編めました。

右上1目交差 ■ 右上1目交差（下が裏目）

135

左上1目交差 ・ 左上1目交差（下が裏目）

左上1目交差

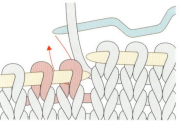

1 左針の端の目に、縄編み針を矢印のように入れ、編み地の向こう側で休ませておきます。

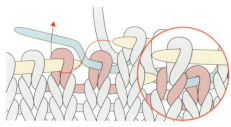

2 次の目に矢印のように右針を入れて、表目を編みます。

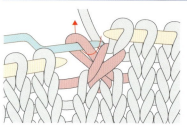

3 縄編み針に休ませておいた目に、矢印のように右針を入れて、表目を編みます。

4 左上1目交差が編めたところです。

左上1目交差（下が裏目）

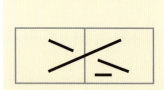

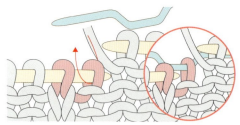

1 左針の端の目に、縄編み針を矢印のように入れ、編み地の向こう側で休ませておきます。

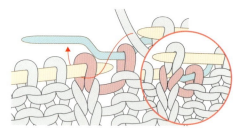

2 次の目を表目で編みます。

3 縄編み針に休ませておいた目に矢印のように右針を入れて裏目を編みます。

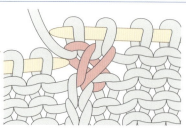

4 下が裏目の左上1目交差が編めました。

136

右上2目交差

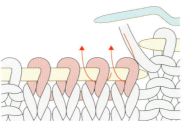

1 左針にかかった最初の2目に縄編み針を矢印のように入れ、移します。

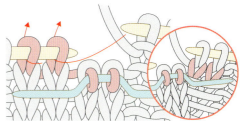

2 移した目を手前で休ませておき、左針にかかった残りの2目をそれぞれ表目で編みます。

3 縄編み針で休ませていた目の最初の1目に矢印のように右針を入れ、表目で編みます。

4 次の目も同様に表目で編み、表目2目の右上交差が編めました。

左上2目交差

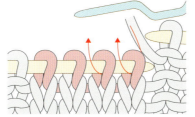

1 左針にかかった最初の2目に縄編み針を矢印のように入れ、移します。

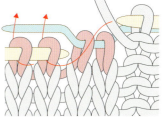

2 移した目を編み地の向こう側で休ませておき、左針にかかった残りの2目をそれぞれ表目で編みます。

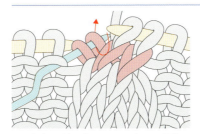

3 縄編み針で休ませていた目の最初の1目に矢印のように右針を入れ、表目で編みます。

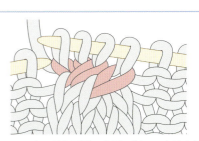

4 次の目も同様に表目で編み、表目2目の左上交差が編めました。

右目を通す交差・左目を通す交差

右目を通す交差

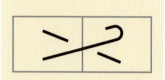

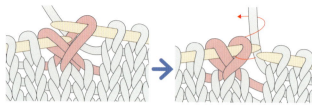

1 左針の端から2目めに右針を入れ、矢印のように右隣の目にかぶせます。

2 かぶせた目に矢印のように右針を入れて糸をかけます。

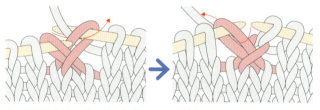
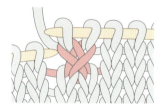

3 表目を編み、次の目も矢印のように針を入れて、表目を編みます。

4 右目を通す交差が編めました。

左目を通す交差

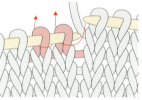
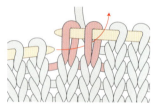

1 左針にかかった2目を順に編まずに右針へ移します。

2 移した目の右側の目に矢印のように左針を入れます。

3 左側の目にかぶせます。

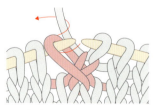

4 右針に残った目を表目で編みます。

5 左針の目に矢印のように右針を入れ、表目で編みます。

6 左目を通す交差が編めました。

かけ目

1 右針を矢印のように動かして糸をかけます。

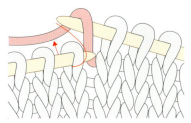

2 かけ目をした糸がはずれないように、次の目に矢印のように右針を入れます。

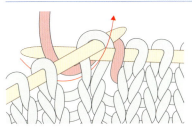

3 右針に糸をかけて表目を編みます。

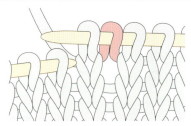

4 かけ目と次の表目が編めました。

Column 1　交差編みを使った編み地

棒針編みの醍醐味といってよい交差編み。
交差する目の数や交差の間隔の違いで、まったく異なった印象の編み目になります。

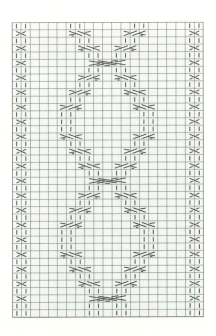

かぶせ目（右）

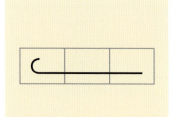

かぶせ目(右) ■ かぶせ目(左)

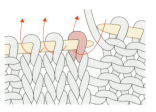

1 左針にかかっている右の1目は手前から、残りの2目は向こう側から右針を入れ、編まずに右針へ移します。

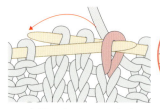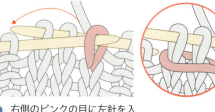

2 右側のピンクの目に左針を入れて目を引き上げ、左側の2目にかぶせます。かぶせ目ができました。

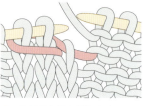

3 2目を左針に移します。

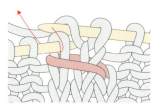

4 左針の1目めは表目で編み、かけ目をしてから2目めも表目で編みます。

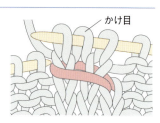

5 かぶせ目をすると1目減ってしまうため、かけ目をして1目増やしておきます。

かぶせ目（左）

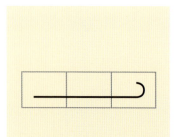

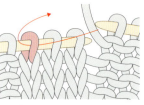

1 左針の端から3目めに矢印のように右針を入れます。

2 目を引き上げ、右の2目にかぶせます。

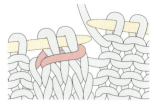

3 かぶせ目ができました。

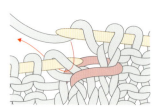

4 左針の1目めは表目で編み、かけ目をしてから2目めも表目で編みます。

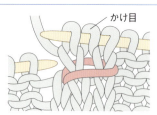

5 かぶせ目をすると1目減ってしまうため、かけ目をして1目増やしておきます。

ドライブ編み（2回巻き）

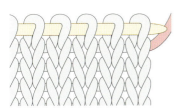

1 段の始めで糸の色を替えます。

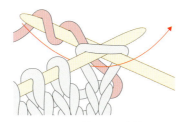

2 図のように端の目に右針を入れ、右針に糸を2回巻きつけて引き出します。

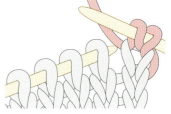

3 糸を引き出したところです。

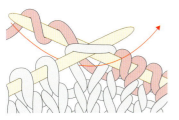

4 次の目以降も同様に右針を入れ、右針に糸を2回巻きつけて引き出します。

5 段の端までくり返します。

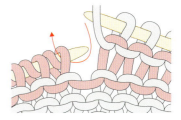

6 次の段は、矢印のように右針を入れて裏目で編み、前段で巻きつけた糸を左針からはずします。

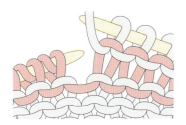

7 ドライブ編み（2回巻き）が編めました。

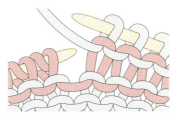

8 次の目以降も同様にくり返して編みます。

引き上げ編み（3段の場合）

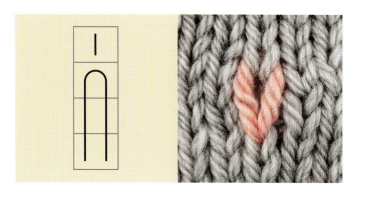

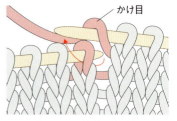

1 1段めでは、右針に糸をかけてかけ目をし、左針の目に矢印のように右針を入れます。

2 編まずに右針へ移します。

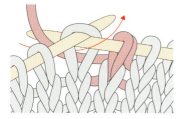

3 次の目からは表目で編みます。

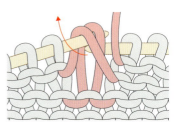

4 次の段でも、前の段で移した2目を編まずに右針に移します。

5 右針に移したところです。

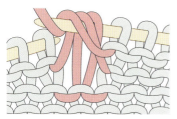

6 右針に糸をかけてかけ目をし、次の目からは裏目で編みます。

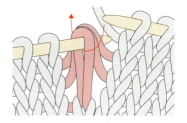

7 3段めは、5で移した2目と6のかけ目に3目一緒に右針を入れ、表目で編みます。

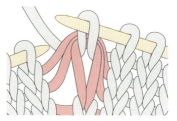

8 3段の引き上げ編みが編めました。

引き上げ編み（3段／裏目の場合）

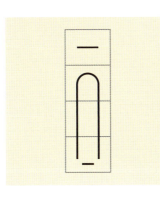

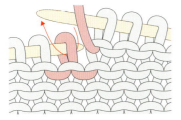

1 引き上げ編みを編む手前まで裏目で編みます。

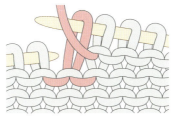

2 引き上げ編みの1段めは目を編まずに、そのまま右針へ移します。

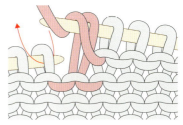

3 右針に糸をかけてかけ目をします。

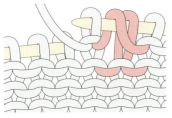

4 次の目からは裏目で編みます。

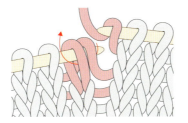

5 2段めも、右針に糸をかけてかけ目をし、前段で移した2目は編まずに右針へ移します。

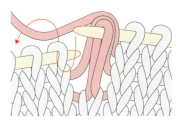

6 次の目からは表目で編みます。

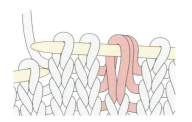

7 表目で段の端まで編みます。

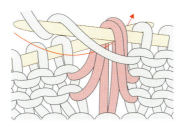

8 3段めは5で移した2目と6のかけ目の3目を一緒に裏目で編みます。

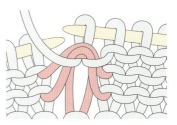

9 3段の引き上げ編み（裏目）が編めました。

ねじり目

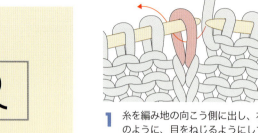

1 糸を編み地の向こう側に出し、右針を矢印のように、目をねじるようにして入れます。

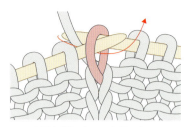

2 表目を編むように右針に糸をかけて引き出します。

3 左針を抜きます。

4 ねじり目が編めました。

ねじり目 ■ ねじり目（裏目）

ねじり目（裏目）

1 糸を編み地の手前にし、右針を矢印のように、目をねじるようにして入れます。

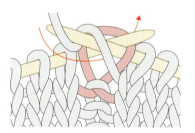

2 裏目を編むように右針に糸をかけて引き出します。

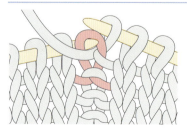

3 左針を抜きます。

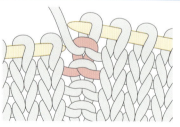

4 裏目のねじり目が編めました。

すべり目

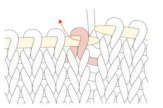

1 糸を編み地の向こう側に出し、右針を矢印のように入れ、編まずに右針へ移します。

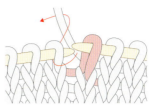

2 次の目からは表目で編みます。

3 すべり目と次の表目が編めました。

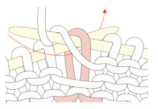

4 次の段では、すべり目もほかの目と同様に裏目で編みます。

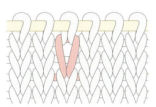

5 次の段を編んだところ。すべり目と普通の表目の違いがよくわかります。

すべり目（裏目）

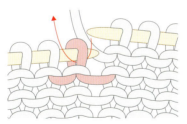

1 糸を編み地の向こう側に出し、右針を矢印のように入れ、編まずに右針へ移します。

2 糸を編み地の手前にし、次の目からは裏目で編みます。

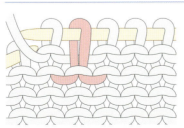

3 裏目のすべり目と次の裏目が編めました。

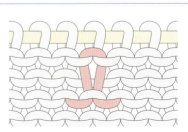

4 次の段を編んだところ。裏目のすべり目と普通の裏目の違いがよくわかります。

浮き目 ■ 浮き目（裏目）

浮き目

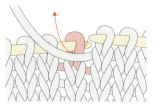

1 糸を編み地の手前にし、右針を矢印のように入れ、編まずに右針へ移します。

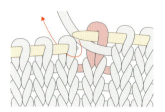

2 糸を編み地の向こう側に出し、次の目からは表編みで編みます。

3 浮き目と次の表目が編めました。

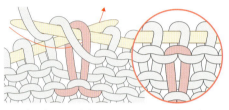

4 次の段では、浮き目もほかの目と同様に裏目で編みます。

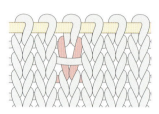

5 次の段を編んだところ。浮き目と普通の表目の違いがよくわかります。

浮き目（裏目）

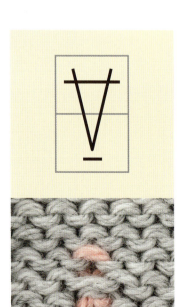

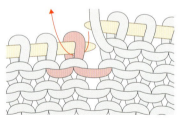

1 糸を編み地の手前にし、右針を矢印のように入れ、編まずに右針へ移します。

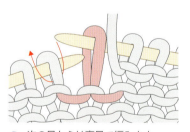

2 次の目からは裏目で編みます。

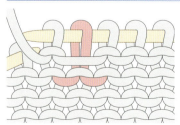

3 裏目の浮き目と次の裏目が編めました。

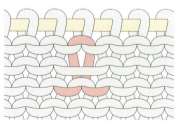

4 次の段では、浮き目もほかの目と同様に表目で編みます。

ボッブル編み（3目3段・中上3目一度）

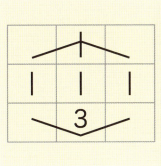

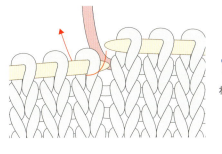

1 編み地の手前から矢印のように右針を入れます。

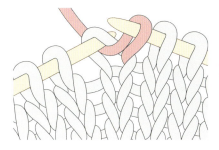

2 表目で編み、左針ははずさずにそのままにしておきます。

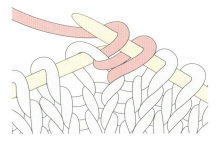

3 かけ目をします。

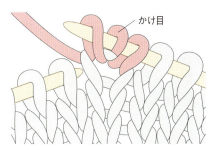

4 1と同じ目に表目を編みます（表目3目の編み出し増し目と同じ）。

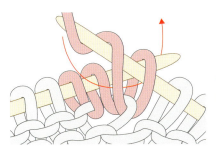

5 編み地を裏に返し、編み出した3目だけを裏目で編みます。

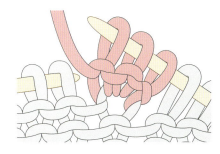

6 裏目で3目編めました。

7 編み地を表に返し、矢印のように右針を入れ、2目を編まずに右針へ移します。

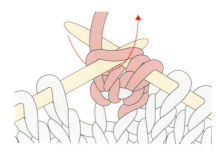

8 左針に残った目に図のように右針を入れ、糸をかけて矢印のように引き出し、表目を編みます。

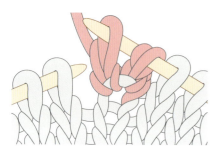

9 表目を編んだところです。

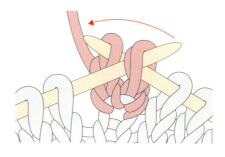

10 図のように左針を7で移した2目に入れ、左の目にかぶせます。

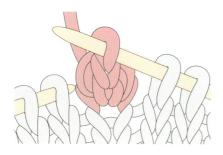

11 ボッブル編み（3目3段・中上3目一度）が編めました。

Column 2　ボッブル編みを使った編み地

編み地に変化をつけてくれるのがボッブル編み。
アラン模様のセーターやミトンなどに取り入れたいかわいい模様です。

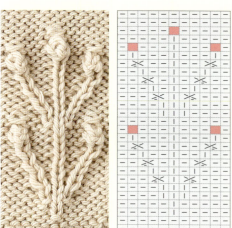

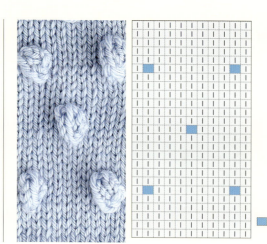

6

口絵作品の
作り方

ここで学ぶこと

- シュシュ 口絵 P.6

- 変わり糸で編むマフラー 口絵 P.7

- ガーター編みのバッグ 口絵 P.8

- 水玉柄のスヌード 口絵 P.10

- 透かし編みの帽子＆
  編み込み模様のミトン 口絵 P.11

- アラン編みの3wayウエア 口絵 P.12

- 縄編み模様のミニバッグ 口絵 P.14

変わり糸で編むマフラー

● P.7 ●

でき上がりサイズ

A：幅13cm　長さ80cm
ゲージ：14目26段／ガーター編み
B：幅18cm　長さ180cm
ゲージ：10目18段／ガーター編み

用意するもの

● A (P.7・左)
糸　極太（ストレートヤーン）
　　スタンダードなウールの段染め糸
　　　　　　　　　　　　　　　90g
　　（参考糸：リッチモア『タスカニー』）
針　13号棒針　とじ針

● B (P.7・右)
糸　ハマナカ『ソノモノスラブ《超極太》』
　　茶系（33）　　　　　　　　290g
針　8mm棒針　とじ針

作り方

● A
1　一般的な作り目で18目作る。
2　ガーター編みで編み図のように206段編み、伏せ止めで止める。

● B
1　一般的な作り目で18目作る。
2　ガーター編みで編み図のように314段編み、伏せ止めで止める。

[目数と寸法図]

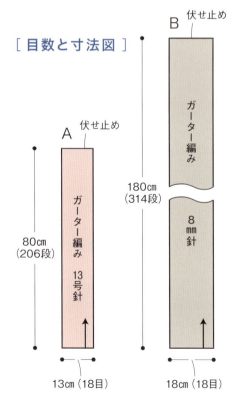

[編み図]

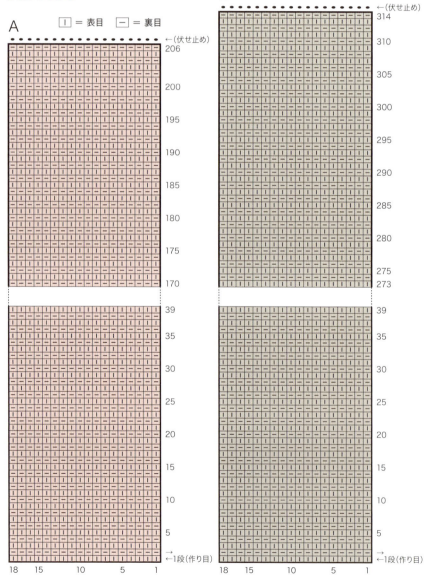

シュシュ

● P.6 ●

でき上がりサイズ

A.B.C共通
直径：約13cm
ゲージ：29目36段／メリヤス編み

用意するもの

● **A（P.6・上）**
糸 Opal『KFS121 ロリポップ・キッズ』
　　　　　　　　　　　　　　　　　12g
針 2号棒針
　 とじ針
その他 ヘアゴム ――――――― 25cm

● **B（P.6・中）**
糸 Opal『7762 星の王子さま』
　　　　　　　　　　　　　　　　　12g
針 2号棒針
　 とじ針
その他 ヘアゴム ――――――― 25cm

● **C（P.6・下）**
糸 Opal『KFS114 おばあちゃんの笑顔』
　　　　　　　　　　　　　　　　　12g
針 2号棒針
　 とじ針
その他 ヘアゴム ――――――― 25cm

作り方

● **A.B.C共通**

1 一般的な作り目で20目作る。
2 メリヤス編みで編み図のように130段編み、伏せ止めで止める。
3 編み始めと編み終わりをメリヤスはぎではぐ。
4 両わきをすくいとじでとじる。全部とじる前にヘアゴムを入れて輪にして結び、残りをとじる。

[目数と寸法図]

メリヤス編み　2号針

36cm（130段）

7cm（20目）

[編み図]

| = 表目

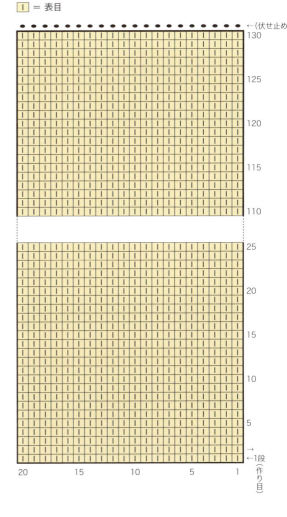

「シュシュ」作り方

151

Process

◎ はぎ方
編み地の編み始めの段と、編み終わりの段をメリヤスはぎではぎます。

「シュシュ」作り方

1 編み始めの糸をとじ針に通し、編み終わりの編み地の端の目に、裏側からとじ針を入れます。

2 糸を引き出し、編み始め側の編み地の2目めに、写真のようにとじ針を入れます。

3 糸を引き出し、編み終わりの側の編み地には、写真のようにとじ針を入れます。

4 糸を引き出し、編み始めの編み地に、写真のようにとじ針を入れます。

5 3、4をくり返し、それぞれの編み地から1目ずつすくって端まではいでいきます。写真ははぎ終えたところです。

Process

◎ とじ方
輪にした編み地の両わきをすくいとじにし、ゴムを通します。編み終わりの糸にとじ針を通してから、とじ始めます。

1 向こう側の編み地の端から1目内側のシンカーループを2段分すくって糸を引きます。

2 手前の編み地の端から1目内側のシンカーループを2段分すくって糸を引きます。

3 向こう側の編み地の端から1目内側のシンカーループを2段分すくって糸を引きます。

4 2、3をくり返し、すべてをとじる前にヘアゴムを通します。

5 太めのとじ針かゴム通しにヘアゴムを通し、編み地の中に通します。

6 ヘアゴムを1周通したら、両端をしっかり結びます。

7 2、3をくり返し、残りの編み地をとじていきます。

8 編み地の端までとじます。

9 とじ終えたら、もう一度同じシンカーループをすくい、糸を編み地の反対側に出します。

10 糸を引き気味にして切ると、糸がシュシュの内側に引き込まれて、見えなくなります。

「シュシュ」作り方

ガーター編みのバッグ

• P.8 •

でき上がりサイズ

縦15cm　横26cm　まち12cm　ひも80cm

ゲージ：10目20段／ガーター編み

用意するもの

● **基本形（P.9・左）**

糸　ハマナカ『オフコース！ビッグ』
- 紫（参考色：114）──── 30g
- 薄グレー（102）──── 30g
- 濃グレー（107）──── 30g

針　15号棒針
　　かぎ針8/0号
　　とじ針

その他　裏地用布 ──── 縦36cm　横28cm

● **バリエーション**

糸　A.B.Cいずれも上記と同じ
　　色・使用量はP.155を参照
　　使用糸以外は基本形と同じ

作り方

1. 一般的な作り目で16目作り、編み図のように両端で増し目をしながら12段編む。
2. 13段めからは編み図のように30段編む。
3. 42段めまで編んだら、表側を見ながら、裏目で伏せ止めをする。
4. 反対側を編む。作り目から逆向きに16目拾い、1～3と同様に編む。
5. 両わきをすくいとじでとじる。
6. 裏地を縫う。裏地を中表にして二つ折にし、両端の1cm内側を縫う。底のまち分を縫う。入れ口側は2cm折り返して、裏返した本体の図の位置にまつりつける。
7. ひもはかぎ針で鎖編みを120目編み、図の位置に通す（使用色はP.155の表を参照）。

[目数と寸法図]

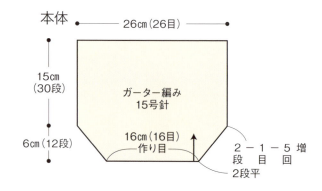

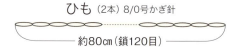

[裏地の作り方]

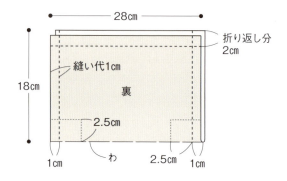

[裏地とひものつけ位置]

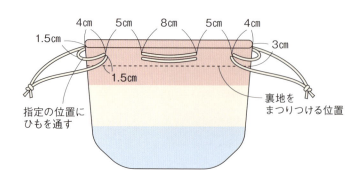

[編み図]

本体　　　　　　　　□ = 表目　□ = 裏目

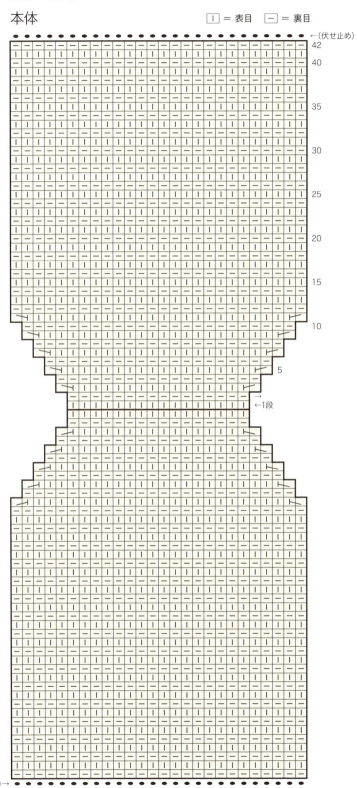

[配色]

基本形（P.9・左）

色	色番	段数	使用量
紫	114	14段	30g
薄グレー	102	14段	30g
濃グレー	107	14段	30g

※ひもは薄グレーで編む

A（P.8）

色	色番	段数	使用量
赤	112	14段	30g
白	101	14段	30g
紺	108	14段	30g

※ひもは白で編む

B（P.9・中央）

色	色番	段数	使用量
エンジ	105	11段	25g
茶	106	10段	25g
紺	108	21段	40g

※ひもは紺で編む

C（P.9・右）

色	色番	段数	使用量
紫	114	18段	40g
薄グレー	102	4段	10g
濃グレー	107	20段	40g

※ひもは濃グレーで編む

「ガーター編みのバッグ」作り方

水玉柄のスヌード

● P.10 ●

でき上がりサイズ

A.B共通
幅18cm　1周52cm
ゲージ：19目26段／メリヤス編み

用意するもの

● **A（P.10・上）**

糸　並太（ストレートヤーン）
モヘア混でやわらかめのウール
- 白 ――――― 15g
- 茶 ――――― 45g

（参考糸：リッチモア『バカラ・ピュール』）

針　8号棒針　とじ針

● **B（P.10・下）**

糸　上記と同じ
- ピンク ――――― 15g
- ベージュ ――――― 45g

（参考糸：リッチモア『バカラ・ピュール』）

針　8号棒針　とじ針

作り方

● **A.B共通**

1　一般的な作り目で102目作る。
2　メリヤス編みで編み図のように模様を編み込みながら66段編み、伏せ止めで止める。
3　両端をすくいとじでとじる。

[目数と寸法図]

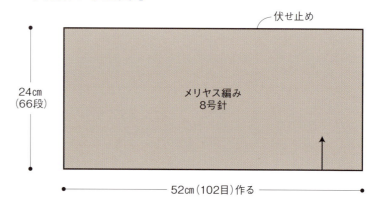

[編み図]　□ = ①表目記号省略

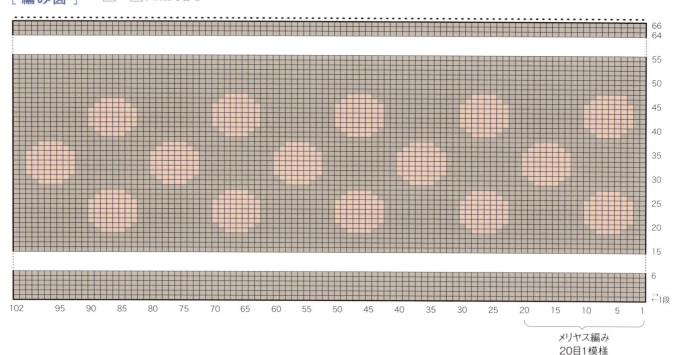

「水玉柄のスヌード」作り方

Process

◎ 配色糸の替え方

糸が横に渡らない方法で、模様を編み込んでいきます。縦縞や縦に並んだ模様のときに、よく使われる方法です。糸を替えるたびごとに、別の糸玉（糸巻に巻いたもの）を使います。

1　糸を替えるところまでは地糸で編みます。

2　配色糸で4目編みます。

3　地糸に替えて、16目編みます。2、3をくり返します

4　次の段は、裏目で配色糸のところまで編みます。

5　編んできた地糸を配色糸の上にのせて交差させ、配色糸で裏目を編みます。

6　5と同様に、配色糸を地糸の上にのせて交差させます。

7　地糸で裏目を編みます。

8　模様編みが2段編めました。次の段も前段と同じように糸を重ねて色を替え、表目を編みます。

◎ 糸始末の仕方

模様を編み終えた段階では、まだ編み地に糸を替えた際の穴があいていて美しい編み地ではありません。糸始末をすると、編み地が落ち着き、きれいに見えます。

1　糸始末をする前に、配色糸の流れを確かめておきます。

2　裏目が続いていくように、配色糸の隣の目にとじ針を入れます。

3　残った配色糸は、表側にひびかないよう、地糸との境目のあたりに渡していきます。

4　反対側も同様に、地糸の流れに沿って針を入れていきます。

5　裏に返し、裏目が続いていくように針を入れます。

6　残りの糸は、表側にひびかないように、配色糸との境目のあたりに渡していきます。

「水玉柄のスヌード」作り方

157

透かし編みの帽子

• P.11 •

でき上がりサイズ

頭回り56cm
ゲージ：19目27段／模様編み（8号）

用意するもの

糸 ハマナカ『エクシードウールL』
　グレー（328）――――― 70g
針 8号4本棒針
　6号4本棒針
　かぎ針5/0号
　とじ針

作り方

1. 別鎖の作り目で100目作る。
2. 8号針で別鎖の裏山を拾って輪にする。
3. 模様編みで編み図のように46段編む。
4. 47段めは、編み図のように10カ所で左上2目一度の減らし目をする。
5. 48段めは増減なしで編む。
6. 同様に49、51、53、55、57、59、61、63段めは10カ所で減らし目をする。
7. 64段めを編み、残っている10目をしぼる（P.161参照）。
8. 6号針に替え、別鎖の作り目をほどきながら、1目ゴム編みのための目を90目拾う。
9. 1目ゴム編みを8段編み、編み終わりは1目ゴム編み止めをする。

[目数と寸法図]

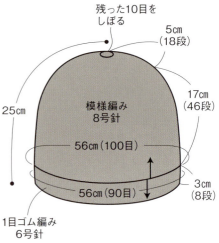

編み込み模様のミトン

• P.11 •

でき上がりサイズ

長さ30cm　手首回り15cm
ゲージ：25目32段／メリヤス編み

用意するもの

糸 ハマナカ『エクシードウールFL』
　グレー（237）――――― 50g
　白（201）――――― 10g
　赤（210）――――― 2g
針 3号4本棒針、または3号輪針（23cm）
　4号4本棒針、または4号輪針（23cm）
　5号4本棒針
　とじ針

作り方

1. 一般的な作り目で48目作って輪にする。
2. 2目ゴム編みで40段編む。
3. 針の号数を変えてメリヤス編みで編み込み模様を編み、親指の位置で別糸を編み入れ、46段編む。
4. 編み図のように減らし目をしながら11段編み、最終段の4目に糸を通してしぼり止めをする。
5. 親指の位置に編み入れた別糸をほどきながら拾い目（下側6目、上側7目、両わき1目＋1目の合計15目）をする。メリヤス編みで20段編み、最後はしぼり止めをする（P.162・163参照）。
6. 赤色で、編み図の位置にメリヤス刺しゅうをする。

[目数と寸法図]

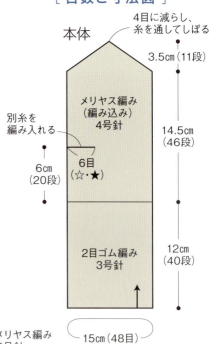

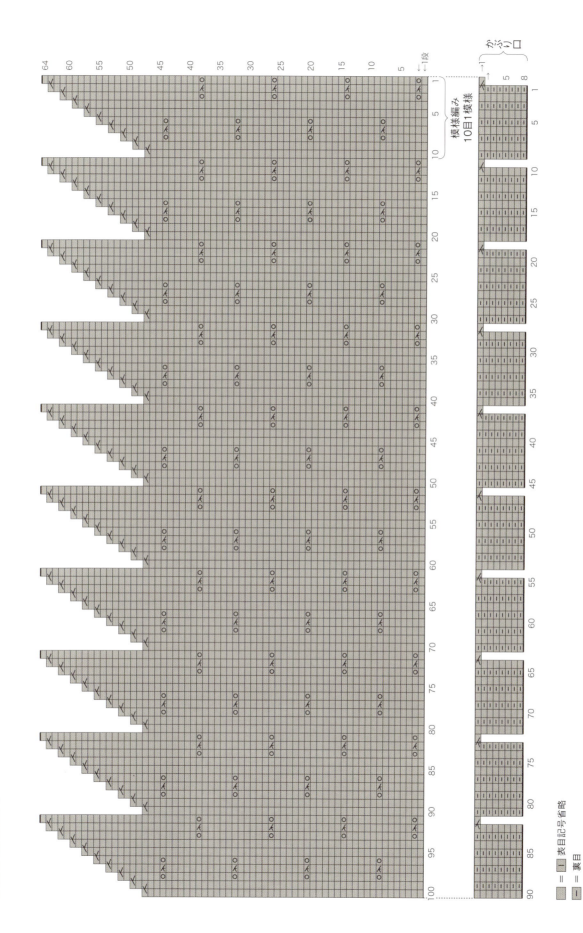

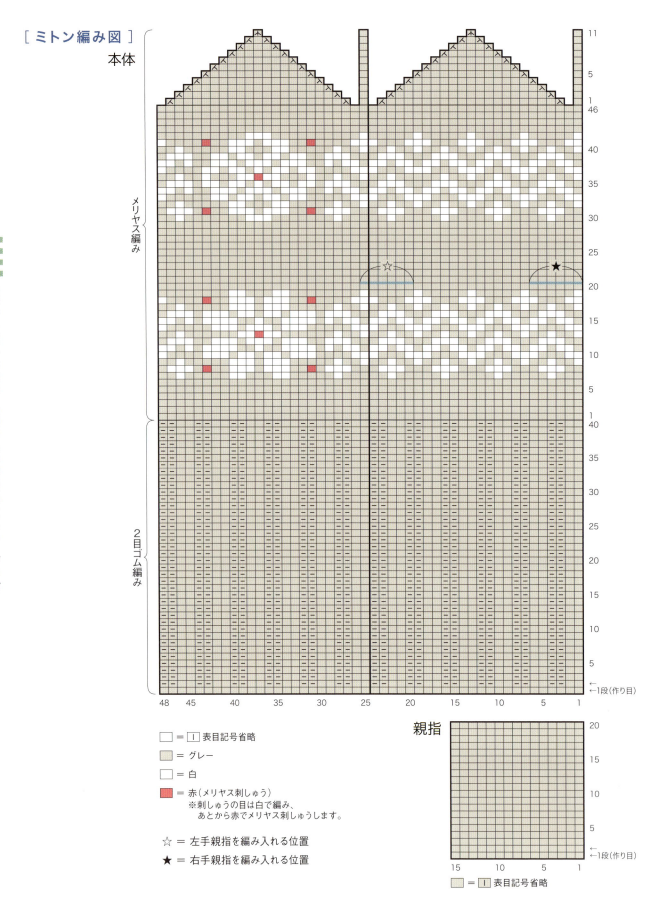

Process

◎ 帽子・トップのしぼり方
帽子を編み終えたら、編み終わりの糸でトップをしぼり止めます。

1 編み終わりの糸を30cmほど残して切り、とじ針に通します。

2 棒針に残っている目にとじ針を通していきます。

3 糸を通したら棒針を抜き、同様に2本め、3本めの棒針の残った目に糸を通します。

4 すべての目に糸が通ったら、もう1周、糸を通します。

5 数目ずつとじ針を通しては、糸を引きます。

6 同様にくり返します。

7 さらにくり返し、最後の目まで糸を通します。

8 糸を軽く引きしめ、帽子の内側に針を入れます。

9 帽子を裏返し内側から手を入れて、糸を引きしめます。

10 しぼり口近くの目を何回か拾い、しぼり口が開かないようにします。

11 目を拾うたびに糸を引き、かたく引きしめます。

12 糸を引き気味にして、糸を切ります。

「透かし編みの帽子」「編み込み模様のミトン」作り方

Process

◎ミトン・親指の編み方
ミトンの親指は、別糸で6目編み、そこから目を拾って筒状に編んでいきます。

「透かし編みの帽子」「編み込み模様のミトン」作り方

1 親指の位置まで編んだら地糸は休ませておき、別糸で親指の6目を編みます。

2 6目編めたところです。

3 別糸の編み始めに戻り、休めておいた地糸で別糸の目を表目で編んでいきます。

4 別糸の部分だけ1段多くなります。続けて21段めのメリヤス編みを編み、46段まで編みます。＊プロセスをわかりやすくするため、先に親指を編んでいます。

5 別糸で編んだ部分の下側から8目拾います。

6 上側からは7目拾います。

7 別糸をほどきます。

8 少しずつていねいにほどいていきましょう。

9 これで親指の穴があきました。

10 地糸をつけて、親指を編んでいきます。

11 別糸がついていた下の右側の目から編んでいきます。

12 表目を5目編みます。

13 新しい棒針で残りの3目を編みます。

14 3目編んだところです。

15 残りの棒針にかかっている2目を編みます。

16 さらに新しい棒針で残りの目を編みます。

17 2段めを編みます。編み始めに目数リングを入れておきます。

18 前段と同じ位置で棒針を替えると、すき間がすじのように広がってしまいます。

19 広がるのを避けるため、1目多く編んで、棒針を替える位置をずらします。

20 毎段、棒針を替える位置を変えていくと、きれいな編み地になります。

21 必要な段数を編み、しぼり止めをします。

アラン編みの3wayウエア

● P.12 ●

でき上がりサイズ

幅69cm　長さ120cm
ゲージ：16目22段／メリヤス編み

用意するもの

糸　ハマナカ『ソノモノアルパカウール』
　　ベージュ（42）――― 520g
針　10号棒針　12号棒針
　　縄編み針
　　とじ針

作り方

1. 12号針で、一般的な作り目で75目作る。
2. 編み図のように表編み、かのこ編み、裏編み、模様編み、裏編み、1目ゴム編みを編みながら、87段めで袖口になる22目を伏せ目にする。次の段で22目巻き目で作り目をして続きを編む。
3. 175段め、176段めも87、88段めと同様に編み、265段まで編んだら、編み地の裏側を見て伏せ止めをする。
4. 編み図のように10号針で段から233目拾い、1目ゴム編みで56段編む。両端は編み図のように巻き目の増し目をして表目が2目ずつになるようにする。編み終わりは1目ゴム編み止めをする。

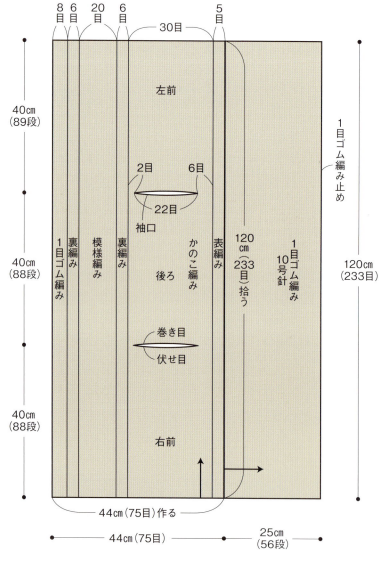

[目数と寸法図]

※指定以外は12号針を使用

Process

◎あき部分の編み方

袖口になる部分は、伏せ目と巻き目であきを作ります。

1 87段めは編み図どおりに11目編み、その次の目は編まずに右の針に移します。

2 その次の目を表目で編み、1で右の針に移していた目をかぶせます。

3 次の目を編んでかぶせることをくり返し、伏せ目を22目編みます。

4 続けて残りの目を編みます。

5 88段めを編みます。

6 伏せ目のところまで編んだら、巻き目をします。

7 巻き目が1目できました。

8 同様にくり返し、巻き目を22目編みます。

9 残りの目を編みます。

10 88段めが編み上がりました。

11 89段めは、巻き目のところも編み図どおりに編んでいきます。

「アラン編みの3wayウエア」作り方

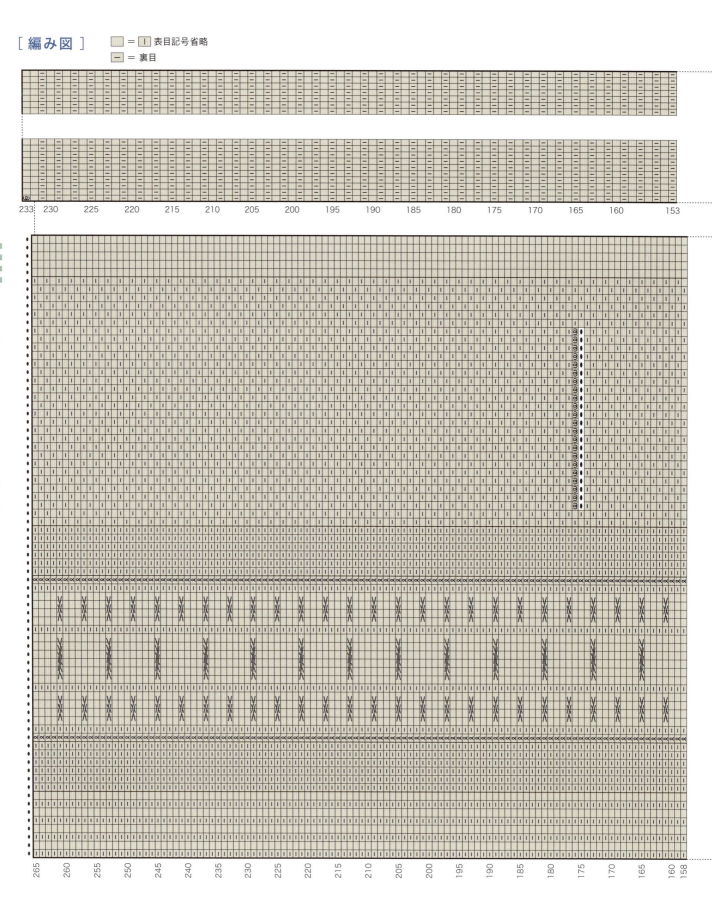

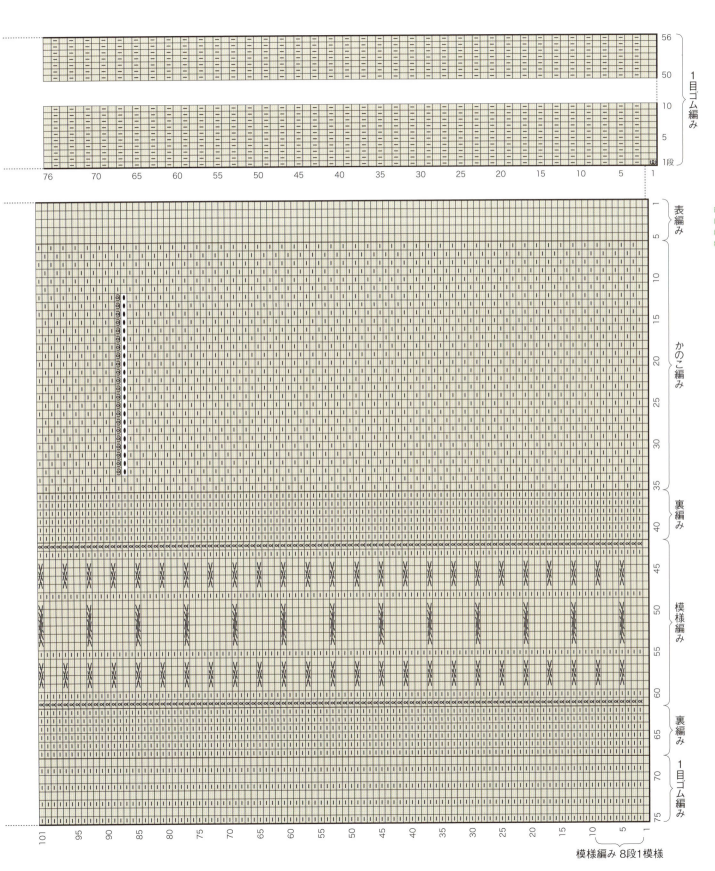

縄編み模様のミニバッグ

• P.14 •

でき上がりサイズ

A.B共通
縦19cm　横18cm
ゲージ：36目38段／模様編み

用意するもの

● **A（P.14・左）**

糸　ハマナカ『ポームクロッシェ《草木染め》』
　　黄緑(71) ──── 55g

針　2号棒針　2号輪針
　　かぎ針3/0号
　　縄編み針
　　とじ針

● **B（P.14・右）**

糸　ハマナカ『ポームクロッシェ《草木染め》』
　　ピンク(74) ──── 55g

針　2号棒針　2号輪針
　　かぎ針3/0号
　　縄編み針
　　とじ針

その他（A・B共通）
裏地用布　縦40cm　横20cm
合皮コード（5本どり）
　BM4031　80cm ──── 2組

作り方

1 共鎖の作り目で66目編む。
2 鎖の半目と裏山を拾って編み始め、2段めから模様編みを編む。両端はとじやすいように表目で編む。60段編んだら前段と同じ目を編みながら伏せ止めをする。
3 共鎖の残っている半目を拾って編み始め、同様に反対側を編む。
4 2枚をすくいとじでとじる。
5 袋状にしたら、輪針で128目拾ってねじり1目ゴム編み（表目のみねじり目をする）を10段編む。編み終わりは1目ゴム編み止めをする。
6 中袋用の布を中表に合わせて二つ折りにし、両端の1cm内側を縫う。折り返し分を折り、本体の内側にまつりつける。
7 合皮コード5本は両端から3cm残し、かた結びをする。ねじり1目ゴム編みの下の位置に、持ち手として縫い糸で縫いつける。

[目数と寸法図]

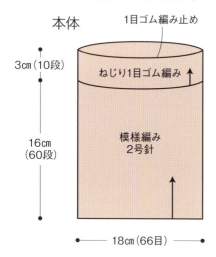

[裏地の作り方]

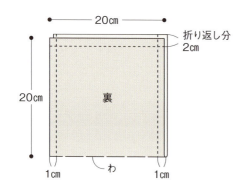

[持ち手のつけ位置]

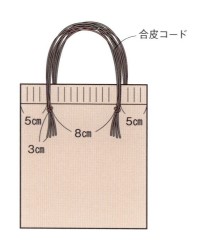

[編み図]

1目ゴム編み止め

「縄編み模様のミニバッグ」作り方

模様編み 16目1模様

模様編み
1模様
10段
1模様

← 1段（作り目）

□ = □表目記号省略   □ = 裏目   □ = 表目

169

Study

ビギナーさんのためのお助けQ&A

棒針編みが初めての人、まだ慣れていない人が
つまずきがちな箇所、悩んでしまいがちなことにお答えします。

Q1 編み始めをきつく編んでしまい、編み進んでいくにつれて目がゆるくなってしまいます。どうしたらいいですか？

A 慣れないうちは編み始めがきつくなりがちで、写真のような編み地になってしまうことも多いでしょう。指定の号数よりも1号か2号太い針で作り目を作り、2段めから指定の号数の針に戻すと、均一な編み地になります。

Q2 棒針からうっかり目をはずしてしまうことが多く、あわてて目を棒針に戻すと、編み目が乱れてしまいます。

○ 正しい向き　　× 間違った向き

 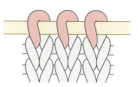

A 写真は、途中ではずれた編み目を一段すべて間違った向きで棒針に戻した例です。間違ったところが目立つだけでなく、次に模様編みなどを編むときに編めなくなってしまいます。棒針に目を戻すとき、移すときは正しい向きを意識して行いましょう。

Q3 「目数と寸法図」や、編み図の中に書かれている数字の意味がわかりません。

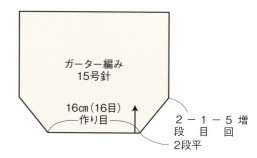

A ここではP.154「ガーター編みのバッグ」の目数と寸法図中の数字を例に解説します。「2段平」は、作り目から2段は目数の増減なく編みます。その後は「2段ごとに1目ずつ増し目をすること」を5回くり返す、という意味です。図によっては「段、目、回」の文字が入っていないこともありますが、必ずこの順番に表記されています。

Q4 編みたい作品のゲージと、自分が編んだもののゲージが違うときには、どう調整すればいいのですか？

A 適した目数、段数を計算で割り出す必要がありますが、初心者には難しいかもしれません。示されているゲージより目数、段数が多い場合は、棒針を指定より1号か2号太くしてみましょう。目数、段数が少ない場合は、指定より1号か2号細くしてみましょう（ゲージについては、P.120を参照）。

Q5 編みたい作品の指定の糸が入手できない場合は、どのように選ぶとよいでしょうか？

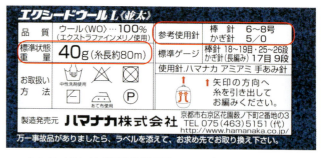

A 糸のラベルには「標準状態重量」として何mで何gか（写真では80mで40g）が示されています。指定の糸の標準状態の重量と参考使用針の号数を調べ、それに近いものを選ぶとよいでしょう。

Q6 目数リングの使い方がよくわかりません。

A リングの使い方を写真で解説します。作り目の数を間違わないために、10目ごとにリングをつけます。いつどんなタイミングでつけはずしをするか、写真で確認してみましょう。

1 作り目を10目作ったところで、リングを2本の針に通します。

2 さらに10目作り、リングを**1**と同様に通します。

3 さらに10目作り、作り目30目ができました。

4 2段めを編みます。

5 リングの手前まで編んだところです。

6 指でリングを針からはずします。

7 リングがはずれました。作り目の数を間違わないようにという目的は果たせたので、もうリングは使いません。

NG 左針にかかったリングに、無理に右針を入れて編んではいけません。

ビギナーさんのためのお助けQ&A

index

あ
合太 ・・・・・・・・・・・・・・・・・・・・・・・・・・ 21,23
アイロン ・・・・・・・・・・・・・・・・・・・・・・・・・ 18
アイロンのかけ方 ・・・・・・・・・・・・・・・・・・ 119
アイロンの洗濯表示マーク ・・・・・・・・・・・・ 119
編み込み模様・・・・・・・・・・・・・・・・・・・・・ 158
「編み込み模様のミトン」の作り方・・・・・・・・ 158
編み込み用糸巻・・・・・・・・・・・・・・・・・・・・ 19
編み図（編み目記号図）の見方 ・・・・・・・・・ 16,17
編み出し増し目（表目3目）・・・・・・・・・・・・・ 134
編み出し用糸 ・・・・・・・・・・・・・・・・・・・・・ 19
編み地・・・・・・・・・・・・・・・・・・・・・・・・ 16,17
編み地の途中で糸を足す ・・・・・・・・・・・・・ 48
編み地の端で糸を足す ・・・・・・・・・・・・・・・ 48
編み地をとじる（返し縫いとじ）・・・・・・・・・・ 110
編み地をとじる（すくいとじ）・・・・・・・・・・・ 104
編み地をとじる
　（ねじり増し目があるときのとじ方）・・・・・・・ 107
編み地をとじる（引き抜きとじ）・・・・・・・・・・ 110
編み地をとじる
　（減らし目があるときのとじ方）・・・・・・・・・ 107
編み地をとじる（まつりとじ）・・・・・・・・・・・・ 111
編み地をはぐ ・・・・・・・・・・・・・・・・ 96〜103
編み地をはぐ（裏メリヤスはぎ）・・・・・・・・・・ 99
編み地をはぐ（ガーターはぎ）・・・・・・・・・・・ 100
編み地をはぐ（かがりはぎ）・・・・・・・・・・・・ 101
編み地をはぐ（かぶせはぎ）・・・・・・・・・・・・ 103
編み地をはぐ（引き抜きはぎ）・・・・・・・・・・・ 103
編み地をはぐ（目と段のはぎ）・・・・・・・・・・・ 102
編み地をはぐ（メリヤスはぎ）・・・・・・・・・・・ 96
編み目の数え方 ・・・・・・・・・・・・・・・・・・・ 17
編み物用具 ・・・・・・・・・・・・・・・・・・ 18〜20
「アラン編みの3wayウエア」の作り方・・・・・・・ 164

い
一般的な作り目 ・・・・・・・・・・・・・・・・・・・ 68
糸が足りなくなったら ・・・・・・・・・・・・・・・・ 48
糸始末の仕方・・・・・・・・・・・・・・・・・・・・・ 33
糸の色を替える（ダイヤ柄を編む）・・・・・・・・ 92

糸の色を替える（縦縞を編む）・・・・・・・・・・・ 88
糸の色を替える（横縞を編む）・・・・・・・・・・・ 87
糸の色を替える（連続模様を編む）・・・・・・・・ 90
糸のかけ方・・・・・・・・・・・・・・・・・・・・ 26,27
糸の形状・・・・・・・・・・・・・・・・・・・・・・・・ 21
糸の種類 ・・・・・・・・・・・・・・・・・・・・・・・ 21
糸の素材 ・・・・・・・・・・・・・・・・・・・・・・・ 21
糸の通し方 ・・・・・・・・・・・・・・・・・・・・・・ 33
糸のとめ方 ・・・・・・・・・・・・・・・・・・・・・・ 33
糸の引き出し方 ・・・・・・・・・・・・・・・・・・・ 25
糸の太さ ・・・・・・・・・・・・・・・・・・・・・ 21,23
糸のラベル ・・・・・・・・・・・・・・・・・・・・・・ 22

う
浮き目 ・・・・・・・・・・・・・・・・・・・・・・・・ 146
浮き目（裏目）・・・・・・・・・・・・・・・・・・・・ 146
裏目・・・・・・・・・・・・・・・ 16,17,34,35,41,42,43,123
裏メリヤス編み ・・・・・・・・ 16,17,24,37,68,69,73,99,105
裏メリヤスはぎ ・・・・・・・・・・・・・・・・・・・・ 99

お
表目・・・・・・・・・・・・・・・・・・・ 16,17,24,40,122

か
ガーター編み ・・・・・・・・・・・・・・・・・・・・・ 30
「ガーター編みのバッグ」の作り方 ・・・・・・・・ 154
ガーターはぎ ・・・・・・・・・・・・・・・・・・・・ 100
カウンター ・・・・・・・・・・・・・・・・・・・・・・ 19
返し縫いとじ ・・・・・・・・・・・・・・・・・・・・ 110
かがりはぎ ・・・・・・・・・・・・・・・・・・・・・・ 101
かぎ針を使った伏せ止め
　（メリヤス編みの場合）・・・・・・・・・・・・・・ 39
かけ目・・・・・・・・・・・・・・・・・・・・ 78,79,139
かけ目とねじり目で増やす（裏目）・・・・・・・・ 79
かけ目とねじり目で増やす（表目）・・・・・・・・ 78
かのこ編み ・・・・・・・・・・・・・・・・・・・・・ 53
かぶせはぎ ・・・・・・・・・・・・・・・・・・・・・ 103
かぶせはぎ（かぎ針を使う方法）・・・・・・・・・ 103
かぶせ目（左）・・・・・・・・・・・・・・・・・・・・ 140
かぶせ目（右）・・・・・・・・・・・・・・・・・・・・ 140

「変わり糸で編むマフラー」の作り方 ・・・・・・・・・・・・・ 150

き 曲線からの拾い目 ・・・・・・・・・・・・・・・・・ 72

く 鎖編みを編む・・・・・・・・・・・・・・・・・・・・・ 47
鎖の裏山を拾って作り目をする・・・・・・・・・・・・ 47

け ゲージ ・・・・・・・・・・・・・・・・・・・・ 22,120,170

こ 交差編みを使った編み地 ・・・・・・・・・・・・・・・ 139
極太・・・・・・・・・・・・・・・・・・・・・・・・・ 21,23
極細・・・・・・・・・・・・・・・・・・・・・・・・・ 21,23
5本針 ・・・・・・・・・・・・・・・・・・・・・・・・・ 20
ゴム編みから
　メリヤス編みに移るときのとじ方 ・・・・・・・・・・ 111
ゴム編み止め（1目ゴム編み止め
　・右端表目1目左端表目2目）・・・・・・・・・・・・・ 59
ゴム編み止め（1目ゴム編み止め
　・右端表目2目左端表目1目）・・・・・・・・・・・・・ 56
ゴムキャップ ・・・・・・・・・・・・・・・・・・・・・ 18

し 仕上げをする ・・・・・・・・・・・・・・・・・・・・ 119
刺しゅうをする ・・・・・・・・・・・・・・・・・・・ 118
斜線からの拾い目 ・・・・・・・・・・・・・・・・・・ 72
ジャンボ棒針 ・・・・・・・・・・・・・・・・・・・・・ 23
「シュシュ」の作り方・・・・・・・・・・・・・・・・・ 151
シンカーループ（渡り糸）・・・・・・・・・・・・・ 40,66

す 「透かし編みの帽子」の作り方 ・・・・・・・・・・・・ 158
すくいとじ（裏メリヤス編みの場合）・・・・・・・・・ 105
すくいとじ（ガーター編みの場合）・・・・・・・・・・ 106
すくいとじ（メリヤス編みの場合）・・・・・・・・・・ 104
ステッチマーカー ・・・・・・・・・・・・・・・・・・ 19
すべり目 ・・・・・・・・・・・・・・・・・・・・・・ 145
すべり目（裏目）・・・・・・・・・・・・・・・・・・ 145

せ 洗濯をするときに確かめたいマーク ・・・・・・・・・ 119

た ダイヤ柄を編む ・・・・・・・・・・・・・・・・・・・ 92
タッセルを作る ・・・・・・・・・・・・・・・・・・・ 117
縦縞を編む・・・・・・・・・・・・・・・・・・・・・・ 88
玉付き2本針 ・・・・・・・・・・・・・・・・・・・・・ 20
段数マーカー ・・・・・・・・・・・・・・・・・・・ 18,95
段数リング ・・・・・・・・・・・・・・・・・・・・・・ 18
段数リングをはずす ・・・・・・・・・・・・・・・・・ 171

ち 力（ちから）ボタン ・・・・・・・・・・・・・・・・ 115
力ボタン（ニット用）・・・・・・・・・・・・・・・・ 115
中細・・・・・・・・・・・・・・・・・・・・・・・・ 21,23
超極太・・・・・・・・・・・・・・・・・・・・・・・ 21,23
超ジャンボ棒針 ・・・・・・・・・・・・・・・・・・・ 23

つ 作り目 ・・・・・・・・・・・・・・・・・・・ 26〜29,47

と 途中で目を落としたら ・・・・・・・・・・・・・・・ 55
ドライブ編み（2回巻き）・・・・・・・・・・・・・・ 141

な 中上3目一度 ・・・・・・・・・・・・・・・・・ 130,147
中上3目一度（裏目）・・・・・・・・・・・・・・・・ 131
並太・・・・・・・・・・・・・・・・・・・・・・・・ 21,23
「縄編み模様のミニバッグ」の作り方 ・・・・・・・・・ 168
縄編みを編む・・・・・・・・・・・・・・・・・・・・・ 55

に ニードルループ ・・・・・・・・・・・・・・・・ 41,106

ね ねじり増し目（裏目）・・・・・・・・・・・・・・・ 76,77
ねじり増し目（表目）・・・・・・・・・・・・・・・ 74,75
ねじり増し目があるときのとじ方 ・・・・・・・・・・ 107
ねじり目（裏目）・・・・・・・・・・・・・・・・・ 79,144
ねじり目 ・・・・・・・・・・・・・・ 74〜79,107,144

は 配色糸の替え方・・・・・・・・・・・・・・・・・・ 157
端目・・・・・・・・・・・・・・・・・・・・・・・・・ 73

index

173

端で1目減らす（裏目）・・・・・・・・・・・・・・・・・・・・・・・・・・・ 83

端で1目減らす（表目）・・・・・・・・・・・・・・・・・・・・・・・・・・・ 82

針（5本針）・・・・・・・・・・・・・・・・・・・・・・・・・・・・・ 20

針（ジャンボ棒針）・・・・・・・・・・・・・・・・・・・・・・・ 23

針（玉付き2本針）・・・・・・・・・・・・・・・・・・・・・・・ 20

針（とじ針）・・・・・・・・・・・・・・・・・・・・・・・・・・・ 20

針（棒針）・・・・・・・・・・・・・・・・・・・・・・・・・・・・・ 20

針（4本針）・・・・・・・・・・・・・・・・・・・・・・・・・・・ 20

針（輪針）・・・・・・・・・・・・・・・・・・・・・・・・・ 19,20

針の入れ方を間違うと ・・・・・・・・・・・・・・・・・・・・ 112

針の種類・・・・・・・・・・・・・・・・・・・・・・・・・・・・・ 20

針の太さ・・・・・・・・・・・・・・・・・・・・・・・・・・・・・ 23

針の持ち方・・・・・・・・・・・・・・・・・・・・・・・・・・・ 25

針をはずして元に戻すには？・・・・・・・・・・・・・・・・・ 112

ひ 引き上げ編み（3段の場合）・・・・・・・・・・・・・・ 142

引き上げ編み（3段／裏目の場合）・・・・・・・・・ 143

引き抜きとじ ・・・・・・・・・・・・・・・・・・・・・・・ 110

引き抜きはぎ ・・・・・・・・・・・・・・・・・・・・・・・ 103

左上3目一度・・・・・・・・・・・・・・・・・・・・・・・ 129

左上3目一度（裏目）・・・・・・・・・・・・・・・・・・ 129

左上1目交差・・・・・・・・・・・・・・・・・・・・・・・ 136

左上1目交差（下が裏目）・・・・・・・・・・・・・・・ 136

左上2目一度・・・・・・・・・・・・・・・・・・・・・・・ 126

左上2目一度（裏目）・・・・・・・・・・・・・・・・・・ 126

左上2目交差・・・・・・・・・・・・・・・・・・・・・・・ 137

左増し目 ・・・・・・・・・・・・・・・・・・・・・・・・・ 133

左増し目（裏目）・・・・・・・・・・・・・・・・・・・・ 133

左目を通す交差 ・・・・・・・・・・・・・・・・・・・・ 138

1目1段の数え方・・・・・・・・・・・・・・・・・・・・・・ 17

1目ゴム編み ・・・・・・・・・・・・・・・・・・・・・・・ 43

1目ゴム編み止め
（右端表目1目左端表目2目）・・・・・・・・・・・・・ 59

1目ゴム編み止め
（右端表目2目左端表目1目）・・・・・・・・・・・・・ 56

1目ゴム編み止め（輪編みの場合）・・・・・・・・・・・ 62

1目のボタンホール ・・・・・・・・・・・・・・・・・・・ 114

標準状態重量・・・・・・・・・・・・・・・・・・・・・・・・170

ふ フォークピン ・・・・・・・・・・・・・・・・・・・・・・・・18

伏せ止め・・・・・・・・・・・・・・・・・・・・・・・・・・・61

伏せ目・・・・・・・・・・・・・・・・・ 38,69,72,86

2目以上減らす ・・・・・・・・・・・・・・・・・・・・・・ 86

2目ゴム編み ・・・・・・・・・・・・・・・・・・・・・・・ 45

2目ゴム編み止め（両端表目2目）・・・・・・・・・・・ 60

2目ゴム編み止め（輪編みの場合） ・・・・・・・・・ 64

フリンジを作る ・・・・・・・・・・・・・・・・・・・・・ 116

へ 別鎖から拾って増やす ・・・・・・・・・・・・・・・・ 81

別鎖の作り目 ・・・・・・・・・・・・・・・・・・・・・・ 47

減らし目 ・・・・・・・・・・・・・・・・・・・・・・・・・ 82

減らし目があるときのとじ方 ・・・・・・・・・・・・・ 107

ほ 帽子・トップのしぼり方・・・・・・・・・・・・・・・・ 161

ボタンホールを作る ・・・・・・・・・・・・・・・・・・ 114

ボタンをつける ・・・・・・・・・・・・・・・・・・・・・ 115

ボッブル編み（3目3段・中上3目一度）・・・・・・・・・147

ボッブル編みを使った編み地 ・・・・・・・・・・・・・ 148

ほつれ止め ・・・・・・・・・・・・・・・・・・・・・・・・・18

ポンポンを作る ・・・・・・・・・・・・・・・・・・・・・ 116

ま 巻き目 ・・・・・・・・・・・・・・・・・・・・・・ 80,134

巻き目で増やす ・・・・・・・・・・・・・・・・・・・・・ 80

増し目 ・・・・・・・・・・・・・・・・・・・・・・・・・・ 74

み 右上3目一度 ・・・・・・・・・・・・・・・・・・・・・ 127

右上3目一度（裏目） ・・・・・・・・・・・・・・・・・ 128

右上1目交差 ・・・・・・・・・・・・・・・・・・・・・・ 135

右上1目交差（下が裏目）・・・・・・・・・・・・・・・ 135

右上2目一度 ・・・・・・・・・・・・・・・・・・・・・・ 124

右上2目一度（裏目）・・・・・・・・・・・・・・・・・・ 125

右上2目交差 ・・・・・・・・・・・・・・・・・・・・・・ 137

右増し目 ・・・・・・・・・・・・・・・・・・・・・・・・・ 132

右増し目（裏目）・・・・・・・・・・・・・・・・・・・・ 132

右目を通す交差 ・・・・・・・・・・・・・・・・・・・・ 138

「水玉柄のスヌード」の作り方 ・・・・・・・・・・・・・・・・・・ 156

ミトン・親指の編み方 ・・・・・・・・・・・・・・・・・・・・・ 162

む 無理穴のボタンホール ・・・・・・・・・・・・・・・・・・・・ 114

め 目数リング ・・・・・・・・・・・・・・・・・・・・・・・・・・・51,171

目がはずれてしまったら ・・・・・・・・・・・・・・・・ 112

目が増えてしまったら ・・・・・・・・・・・・・・・・ 66

目と段のはぎ ・・・・・・・・・・・・・・・・・・・・・・・・・・・ 102

目を落としたら ・・・・・・・・・・・・・・・・・・・・・・・ 55

目を拾う ・・・・・・・・・・・・・・・・・・・・・・・・・・・ 68〜72

目を拾う(一般的な作り目から拾う) ・・・・・・・・・・・・・ 68

目を拾う(曲線から拾う) ・・・・・・・・・・・・・・・・ 72

目を拾う(斜線から拾う) ・・・・・・・・・・・・・・・・ 72

目を拾う(段から拾う) ・・・・・・・・・・・・・・・・ 71

目を拾う(伏せ目から拾う) ・・・・・・・・・・・・・・ 69

目を拾う(別鎖の作り目から拾う) ・・・・・・・・・・・・・・ 70

目を増やす

　(かけ目とねじり目で増やす・裏目) ・・・・・・・・・・・・ 79

目を増やす

　(かけ目とねじり目で増やす・表目) ・・・・・・・・・・・・ 78

目を増やす(ねじり増し目・裏目) ・・・・・・・・・・・・・・ 76

目を増やす(ねじり増し目・表目) ・・・・・・・・・・・・・・ 74

目を増やす(別鎖から拾って増やす)・・・・・・・・・・・・・ 81

目を増やす(巻き目で増やす) ・・・・・・・・・・・・・・・ 80

目を減らす(端で1目減らす・裏目) ・・・・・・・・・・・ 83

目を減らす(端で1目減らす・表目) ・・・・・・・・・・・ 82

目を減らす(1目内側を減らす・表目) ・・・・・・・・・・・ 84

目を減らす(2目以上減らす・ここでは5目)・・・・・・・・ 86

メリヤスはぎ

　(片方の目が伏せ止めのとき) ・・・・・・・・・・・・・ 98

メリヤスはぎ

　(両方の目が伏せ止めのとき) ・・・・・・・・・・・・・ 98

メリヤスはぎ

　(両方の目に針がかかっているとき) ・・・・・・・・・・・ 96

も 模様編みの測り方 ・・・・・・・・・・・・・・・・・・・・・・・・ 120

よ 横縞を編む・・・・・・・・・・・・・・・・・・・・・・・・・・・ 87

4本針・・・・・・・・・・・・・・・・・・・・・・・・・・・・・・ 20

れ 連続模様を編む ・・・・・・・・・・・・・・・・・・・・・・・ 90

わ 渡り糸 ・・・・・・・・・・・・・・・・・・・・・・・・・・・40,66

輪に編む ・・・・・・・・・・・・・・・・・・・・・・・・・・・ 50

輪に編む(棒針で編む) ・・・・・・・・・・・・・・・・・・・ 50

輪に編む

　(輪針で編む) ・・・・・・・・・・・・・・・・・・・・・・ 51

輪針・・・・・・・・・・・・・・・・・・・・・・・・・・・19,20,51

割り糸の作り方 ・・・・・・・・・・・・・・・・・・・・・・・ 117

index

監修者 ● **小須田逸子**（こすだ・いつこ）

ニットデザイナー。子どもの幼稚園入園を機に、ヴォーグ学園東京校に通い、手編み指導員の資格を取得。大胆な色使い、異素材の組み合わせが得意で、ニット小物からウエアまでデザイン・制作。現在は秋田を拠点に、編み物サロン・インターネットショップを運営。

材料お問い合わせ先

クロバー株式会社 ········· 〒537-0025 大阪市東成区中道3-15-5　tel.06-6978-2277
　　　　　　　　　　　 http://www.clover.co.jp/

ハマナカ株式会社 ········· 〒616-8585 京都市右京区花園藪ノ下町2番地の3　tel.075-463-5151（代）
　　　　　　　　　　　 http://www.hamanaka.co.jp/

作品デザイン＆制作 ······	大胡のぞみ、大澤こずえ、小松崎ノブコ、水上裕美、吉澤真知子
アートディレクション ····	昭原修三
レイアウト ·············	植田光子
撮影（カバー、口絵） ·······	中野博安
撮影（プロセス） ··········	李春湖（株式会社オウル）
撮影（P.18下段） ·········	中辻 渉
スタイリング ···········	石井あすか
イラスト ··············	池田雅代（IKEDA ART PLANET）
編集 ·················	加藤 彩、篠原真由美
プロデュース ···········	高橋インターナショナル

これならできる！　みんなの教科書

棒針編み
きほんの基本

監修者　小須田逸子
発行者　高橋秀雄
発行所　株式会社　高橋書店
　　　　〒112-0013　東京都文京区音羽1-26-1
　　　　電話　03-3943-4525

ISBN978-4-471-40081-1　Ⓒ Takahashi International　Printed in Japan

定価はカバーに表示してあります。
本書および本書の付属物の内容を許可なく転載することを禁じます。
また本書および付属物の無断複写（コピー、スキャン、デジタル化等）、複製物の譲渡および配信は著作権法上での例外を除き禁止されています。
本書の内容についてのご質問は「書名、質問事項（ページ、内容）、お客様のご連絡先」を明記のうえ、
郵送、FAX、ホームページお問い合わせフォームから小社へお送りください。回答にはお時間をいただく場合がございます。
また、電話によるお問い合わせ、本書の内容を超えたご質問にはお答えできませんので、ご了承ください。
本書に関する正誤等の情報は、小社ホームページもご参照ください。
【内容についてのお問い合わせ先】
　書面　〒112-0013　東京都文京区音羽1-26-1　高橋書店編集部
　FAX　03-3943-4047
　メール　小社ホームページお問い合わせフォームから　（https://www.takahashishoten.co.jp/）
【不良品についてのお問い合わせ先】
　ページの順序間違い・抜けなど物理的欠陥がございましたら、電話 03-3943-4529 へお問い合わせください。
　ただし、古書店等で購入・入手された商品の交換には一切応じられません。